AF452451

DROITS ET DEVOIRS

DES CITOYENS.

DROITS ET DEVOIRS

DES CITOYENS,

Par J. Mérissé,

AVOCAT, ANCIEN PROCUREUR DU ROI A CIVRAY, ET MEMBRE DU CONSEIL
GÉNÉRAL DES DEUX-SÈVRES.

PARIS,

DESFORGES, LIBRAIRE, RUE DU PONT-DE-LODI, 8.

1837

Niort — Imprimerie de Robin.

TABLE.

Objet de cet ouvrage 1
Chap. I. — De l'origine de la société civile et des bases du droit
  public. 3
Chap. II. — Des droits des citoyens en général. 6
Chap. III. — Des devoirs sociaux. 9
Chap. IV. — De la liberté en général. 10
PREMIÈRE PARTIE. — Des droits qui dérivent des facultés
  physiques. 12
Chap. V. — De la liberté individuelle. 13
Chap. VI. — Du suicide. 20
Chap. VII. — Du droit d'abandonner sa patrie. 23
Chap. VIII. — De la faculté de voyager et des passeports. . . . 30
Chap. IX. — Du droit de se réunir. 33
Chap. X. — De l'esclavage. 39
Chap. XI. — De la domesticité. 45
SECONDE PARTIE. — De la sûreté ou de la faculté de pourvoir
  à sa conservation. 48
Chap. XII. — De la juste défense de soi-même. 49
Chap. XIII. — Du port d'armes 53
Chap. XIV. — Du service militaire. 55
Chap. XV. — De l'obéissance à la loi. 59
Chap. — XVI. — De l'obéissance qu'on doit aux magistrats. . . 63
Chap. XVII. — Des arrestations 65
Chap. XVIII. — De la propriété 72
Chap. XIX. — De la faculté d'acquérir et de transmettre la pro-
  priété. 75
Chap. XX. — Des emprunts et dons à la patrie. 83
Chap. XXI. — Des impôts. 86
TROISIÈME PARTIE. — De la propagation de notre espèce. . 89
Chap. XXII. — Du mariage 92

Pages.

Chap. XXIII. — De l'autorité paternelle et de l'éducation des enfans. 96

Chap. XXIV. — Du célibat. 101

Chap. XXV — De l'adultère. 104

Chap. XXVI. — Du divorce. 106

Chap. XXVII. — De la polygamie. 108

QUATRIÈME PARTIE. — De l'égalité 111

Chap. XXVIII. — De la faculté de participer à la direction des affaires publiques, et du droit de suffrage. 114

Chap. XXIX. — Du pouvoir constituant et du corps législatif. . 117

Chap. XXX — Du pouvoir exécutif. 122

Chap. XXXI. — Des agens du gouvernement, des administrations municipales et provinciales 126

Chap. XXXII. — De la noblesse. 129

Chap. XXXIII. — De l'égalité relativement à l'exercice des différentes professions. 133

Chap. XXXIV. — De l'égalté devant les tribunaux, de la justice civile et du jury. 136

Chap. XXXV. — De l'égalité dans la contribution aux charges publiques. 141

CINQUIÈME PARTIE — Des droits qui dérivent des facultés intellectuelles. 146

Chap. XXXVI. — De la liberté religieuse. 147

Chap. XXXVII. — De la liberté de la parole et des réunions politiques. 150

Chap. XXXVIII. — De la liberté de la presse 153

Chap. XXXIX — De la propriété littéraire 158

ERRATA.

Page 6, avant dernière ligne, au lieu de : *et à la propagation*, lisez *la propagation*.

Page 13, aussi avant-dernière ligne, au lieu de : *sa personne*, lisez *de la personne*.

Page 86, ligne 6, au lieu de : *aux sujets*, lisez *ses sujets*.

Page 97, ligne 27, au lieu de : *peuvent manquer*, lisez *peuvent négliger*.

Page 102, ligne 19, au lieu de : *aussi la société*, lisez *de même la société*.

Objet de cet Ouvrage.

Les gouvernemens ne devraient être établis que pour protéger les personnes et les propriétés. Cependant la plupart de ceux qui existent ne semblent avoir d'autre objet, que l'avantage d'une classe privilégiée au préjudice du plus grand nombre.

Cet ordre de choses, qui ne peut être conforme à la raison, est-il du moins fondé sur la nécessité? Les individus, que les gouvernans entretiennent aux dépens du peuple, le prétendent; mais le peuple devient de plus en plus clairvoyant, et il suffit que sa position se soit améliorée, pour qu'il veuille obtenir une entière liberté.

On lui parle d'une nation chez qui le gouvernement n'impose aux citoyens que des charges très légères; qui n'a pas de conscriptions, ni d'impôts sur les denrées de première nécessité, ni gendarmes, ni espions, ni dette publique, ni courtisans, ni noblesse...

On lui parle d'un gouvernement fondé sur l'élection populaire et tout à fait dans les intérêts du peuple, et il veut avoir un gouvernement qui lui assure les mêmes avantages.

D'un autre côté les gouvernans veulent s'opposer à cet élan de l'opinion publique, et, ce qu'il y a de plus surprenant, ils osent le dire hautement.

Ils veulent résister à l'opinion, quelle folie! Qu'ils marchent plutôt avec elle, et elle les protégera.

Quoi qu'on fasse, le peuple obtiendra la réforme des abus et les améliorations qu'il désire depuis si longtemps. Il est plus éloigné de la vieille monarchie que de la liberté : Rien ne peut l'empêcher d'y parvenir.

L'auteur de cet Opuscule est un patriote, mais il n'est point un anarchiste : il désire des réformes ; mais il craint la guerre civile. En publiant ses idées sur le droit public il a voulu travailler à la révolution qui s'opère dans les esprits, il a voulu payer sa dette à son pays.

Cet écrit ne convient ni aux esprits frivoles, ni à ceux que domine l'intérêt personnel ; il est destiné aux hommes qui aiment leur pays et qui ont l'habitude de réfléchir. Ces hommes, heureusement pour la patrie, sont nombreux parmi nous et ils finiront par diriger l'opinion publique. L'auteur aura atteint son but s'il mérite leur approbation

CHAPITRE I.

Quelques philosophes ont prétendu que les hommes
sont destinés à vivre dans la solitude, et à peu près à la
manière des animaux. S'il en était ainsi, la civilisation
serait un état contre nature, et il ne faudrait pas chercher dans le droit naturel les règles qui doivent régir
la société civile.

Mais on ne peut admettre cette opinion, et personne ne désire, aujourd'hui, goûter le bonheur que
J.-J. Rousseau promet à son homme sauvage.

Quelle peine n'aurions-nous pas, en vivant dans l'isolement, à nous procurer les alimens qui nous sont nécessaires ? Les fruits naturels et les racines qui conviennent à notre nourriture sont assez rares; et, dans
la saison rigoureuse, on ne peut les conserver qu'au
moyen des arts qui naissent de la civilisation. La
chasse ne pourrait nous être d'un grand secours. Seuls
et sans armes, nous ne pourrions nous rendre maîtres
que des animaux qu'on peut atteindre à la course, et ils
ne sont pas en grand nombre : à moins qu'on ne suppose
l'homme vivant dans l'état de nature, plus léger que

les anciens habitans de l'Amérique, qui se réunissaient en assez grand nombre pour atteindre l'orignal des Cordillières.

Peut-on bien croire aussi, que nous ayons été créés avec une intelligence dont Dieu seul connaît les limites, pour vivre à la manière des animaux?

Ou il y a une inconséquence extrême dans les desseins du Créateur, ou il a fait l'homme intelligent et raisonnable, pour qu'il pût mettre en usage son intelligence et sa raison : ce qui ne peut être que dans la société.

Nous sommes constitués de manière que nos nerfs peuvent être émus de différentes sortes, par la communication des émotions qu'éprouvent nos semblables. Tout le monde connaît l'effet de l'harmonie sur nos organes : le pouvoir de l'éloquence sur nos esprits. On sait avec quelle facilité nos âmes peuvent être attendries ou épouvantées par un spectacle ou touchant ou terrible.

Voilà ce que nous cherchons avant tout dans la société : nous désirons y éprouver des sensations qui puissent émouvoir nos âmes, mais nous y cherchons aussi les avantages physiques qu'elle peut seule nous procurer, ainsi que nous pouvons nous en convaincre en suivant la marche de la civilisation.

Pour l'observer ; reportons-nous à l'état dans lequel se trouvaient les différens peuples de l'Amérique au moment de sa découverte. Ces peuples, pour la plupart, n'avaient éprouvé que peu de révolutions; ils peuvent nous donner une idée des progrès de la société.

Les moins civilisés habitaient les bords de l'Orénoque, où ils trouvaient une nourriture abondante et facile. Il leur était inutile de vivre toujours réunis en peuplades, pouvant se procurer sans peine des œufs de tortues et des poissons qui suffisaient à leurs besoins : mais quand les inondations du fleuve venaient les forcer d'abandonner ses rivages, ils se réunissaient par petites troupes, pour aller fixer leurs demeures dans des lieux plus élevés, où ils se nourrissaient des provisions qu'ils avaient apportées, et du produit de leur chasse.

C'est à peu près ainsi que vivaient les Caraïbes des Antilles, les habitans du Chili et ceux du Paraguay.

D'autres peuples qui habitaient des régions moins heureuses, comme ceux du Canada, les Patagons et beaucoup d'autres, s'adonnaient en tout temps à la chasse.

L'agriculture était entièrement ignorée dans ces contrées. Mais à côté de ses peuplades de chasseurs à demi sauvages, on trouva des nations presque civilisées. Le Mexique formait un puissant empire où plusieurs des arts de notre Europe étaient cultivés. Le Pérou, sous le gouvernement des Incas, et le pays auquel on donna depuis le nom de Louisiane, gouvernés par des princes qui se disoient enfans du soleil, avaient vu s'élever des villes populeuses, et naître dans leur sein une partie des arts que nous connaissons.

Chez ces peuples l'agriculture, bien qu'en son enfance, était néamoins plus productive que la chasse, qui n'aurait pu suffire aux besoins de la population.

C'est ainsi qu'ont dû commencer par toute la terre les premières sociétés. La nécessité qui est la mère de l'industrie, a aussi formé la société civile.

L'homme étant naturellement sociable, elle l'a guidé vers la civilisation, *pour qu'il pût y jouir de tous les avantages attachés à son organisation*, c'est-à-dire, pour qu'il fût heureux autant qu'il lui est possible.

D'où il résulte, que les règles qui déterminent les droits et les devoirs de l'homme vivant en société.

doivent être basées sur ce principe, qui dérive de la loi naturelle. *La loi*, dit Cicéron, *c'est ce qui est juste*, et il ajoute : *Ce qui est juste, c'est de laisser à chacun ce qui lui appartient; ce qui appartient à chacun, c'est ce qui est propre à satisfaire ses besoins naturels ; ses besoins naturels naissent de l'exercice de ses facultés ; le libre exercice de ses facultés produit ses droits, le libre exercice des facultés d'autrui produit ses devoirs.*

Telles sont les bases du droit public ou politique, ou des principes qui règlent les droits et les devoirs des citoyens.

CHAPITRE II.

DES DROITS DES CITOYENS EN GÉNÉRAL.

La société civile, devant procurer à l'homme tous les avantages attachés à son organisation, pour connaître nos droits et nos devoirs, il faut examiner quelles sont nos facultés physiques et intellectuelles.

Les facultés physiques de l'homme, sous le rapport de la société, sont : la liberté, la sûreté, ou la faculté de pourvoir à sa conservation, et à la propagation de son espèce. L'égalité résulte aussi de ces facultés.

Les facultés intellectuelles sont celles qui dérivent de la pensée, dont les attributs sont l'imagination, le raisonnement et la mémoire.

Les premières de ces facultés suffisent à l'existence de l'espèce humaine, comme à celle des animaux : mais celles qui découlent de son intelligence, lui sont bien plus précieuses puisqu'elles le rapprochent de la divinité, et qu'elles peuvent lui procurer des jouissances beaucoup plus grandes : elles sont aussi susceptibles d'un développement bien plus étendu, les bornes de la perfectibilité humaine nous étant inconnues.

Mais l'homme de la civilisation doit également tenir à l'exercice de toutes ses facultés, ne pouvant être heureux si l'on porte atteinte à l'une d'elles.

Le développement de notre intelligence entraîne celui de nos facultés animales, et c'est ainsi que nous pouvons nous procurer maintenant beaucoup de jouissances, qui étaient absolument inconnues aux peuples les plus éclairés de l'antiquité

C'est également ainsi que nous puisons dans le perfectionnement de l'agriculture et des arts une bien plus grande aisance, et que nous y trouvons la source d'une abondante population.

Tandis que les peuples barbares sont contraints de laisser périr ceux de leurs enfans, qui n'ont pas assez de vigueur pour résister aux exercices violens auxquels ils les soumettent, les nations policées peuvent conserver les enfans les plus débiles, et multiplier ainsi les objets de leurs affections.

Il suffit au sauvage de posséder une cabane, un arc, des flèches et quelques autres objets nécessaires à son existence grossière : mais la civilisation assure au citoyen qui fait partie d'une nation policée, tout ce qui peut être utile à la vie et ce qui peut l'embellir.

C'est sans doute de l'organisation humaine même, que ces avantages sociaux tirent leur origine. Car on ne peut douter que les besoins, qui font désirer au sauvage de conserver la proie qu'il vient d'atteindre, qui l'attachent à ses armes, à ses vases grossiers et à sa cabane, ne soient de même nature que ceux qui font que l'homme opulent de Paris ou de Londres, désire conserver son hôtel, ses équipages, et ses vastes domaines.

Mais de même que l'homme a des droits qui dérivent immédiatement de sa constitution physique et de son intelligence, il y en a d'autres qui semblent encore plus tenir à sa perfectibilité et à la civilisation : telles sont la propriété, la liberté de la presse et tous les droits qui tiennent au perfectionnement des sciences et des arts.

Cependant comme ils découlent des facultés naturelles, il convient de les y rattacher, bien qu'ils aient été singulièrement modifiés par les progrès de la société.

Après avoir traité de chacun des droits généraux dont nous venons de parler, nous traiterons successivement de ceux qui en dérivent, et qui en sont comme des conséquences nécessaires.

S'il nous arrivait d'attribuer à une faculté sociale ce qui pourrait convenir à un autre, il ne faudrait pas s'en étonner, car il n'est pas de droit social qui ne tienne à tous les autres : et la même raison qui a fait dire aux poètes que les Muses et les Grâces étoient sœurs, pourrait s'appliquer aux libertés publiques qui assurent le bonheur des hommes; elles méritent bien plus d'être divinisées que les Grâces et les Muses qui ne font qu'embellir notre existence.

CHAPITRE III.

Les devoirs du citoyen sont comme des modifications apportées à ses droits, dont il ne peut jouir sans être tenu à quelques obligations.

Pour que la société civile puisse subsister, il faut que chacun de ses membres y contribue en quelque manière. Car, si chaque citoyen réclamait le libre exercice de ses droits et ne voulait rien faire pour le maintien de l'état, la société ne pourrait subsister. Nos facultés ne nous sont données qu'à la charge de faire nos efforts pour nous en procurer l'exercice, et chaque droit social est accompagné d'un devoir dont l'accomplissement en assure la jouissance, tant pour le citoyen qui accomplit ce devoir, que pour les autres membres de la nation.

Par exemple, le devoir de porter les armes pour la patrie dérive du droit de défense personnelle : l'obligation de se soumettre aux magistrats régulièrement constitués, et d'obéir aux agens de la force publique, qui exécutent les mandemens de la justice, est une conséquence de la liberté individuelle. En effet pour que les citoyens soient en sûreté relativement à leurs personnes, il est nécessaire que les délits qui y portent atteinte soient réprimés : et ils ne peuvent l'être si l'autorité des magistrats est méconnue.

Il sera donc convenable de ne point traiter en particulier des devoirs sociaux, puisqu'on sera amené à en parler en traitant des droits dont ils sont les conséquences.

CHAPITRE IV.

DE LA LIBERTÉ EN GÉNÉRAL.

La liberté est le pouvoir de jouir de ses facultés physiques et intellectuelles d'une manière conforme à la raison.

L'homme ne peut être plus libre que lorsque rien ne s'oppose à ce qu'il fasse usage des facultés qui tiennent à sa constitution : mais s'il ne suivait dans leur exercice qu'un instinct désordonné, il devrait craindre que sa liberté ne causât son malheur, personne n'étant moins libre que celui qui est subjugué par ses passions. Pour que l'homme puisse jouir de la liberté, il faut donc qu'en faisant usage de ses facultés il écoute les conseils de la raison.

C'est à peu près ainsi que Montesquieu définit la

liberté. *La liberté*, dit-il, *ne peut consister qu'à faire ce que l'on doit vouloir, et à n'être pas contraint de faire ce que l'on ne doit pas vouloir.* On doit vouloir ce qui est raisonnable: nous n'avons fait qu'expliquer cette définition en disant que l'homme doit agir d'après les conseils de la raison.

La liberté, ainsi définie, comprend tous les droits que la société civile doit assurer aux citoyens: et l'on dit qu'une nation est libre lorsqu'elle jouit de tous ses droits politiques.

Mais on parle souvent de la liberté dans un sens particulier et restreint: ainsi, l'on dit : la liberté individuelle ou de la personne : la liberté religieuse ou de la conscience : et de même des autres droits sociaux.

La liberté prise dans un sens général et absolu comme dans notre définition, forme à elle seule l'ensemble du droit public.

PREMIÈRE PARTIE.

DES DROITS QUI DÉRIVENT DES FACULTÉS PHYSIQUES.

Introduction.

Les hommes vivant dans une société peu civilisée font rarement usage de leur intelligence. S'ils sentent la nécessité de se réunir, c'est plutôt pour satisfaire leurs besoins physiques que pour y jouir des charmes de la société. Pour eux les plaisirs de l'imagination ne sont presque rien, si on les compare à ceux des sens. Le penchant naturel qui réunit les deux sexes et le besoin de leur conservation, voilà ce qui rassemblait les sauvages de l'Amérique : ils ne vivaient en société que pour l'amour, la chasse et la guerre.

Chez les nations civilisées, au contraire, c'est par-dessus tout le désir de plaire et de se distinguer qui porte les hommes à se réunir. Chez eux l'amour n'est rien, s'il ne satisfait l'amour-propre et la vanité : et les besoins naturels seraient bientôt satisfaits s'ils n'étaient accompagnés du luxe et de la corruption. Ainsi l'on peut dire que ce sont les facultés physiques qui dominent chez les sauvages, et les facultés intellectuelles dans l'homme de la civilisation.

Mais la civilisation, en se perfectionnant, tend à ramener les hommes vers la nature, pour leur faire goûter à la fois les plaisirs des sens et ceux de l'imagination.

De même qu'une bonne éducation bannit toute rudesse dans le langage et dans les manières, ainsi la civilisation chasse de la société tout ce que les passions y introduisent d'injuste et de barbare. Alors les facultés intellectuelles servent au perfectionnement et au développement des facultés physiques avec lesquelles elles se confondent. Cependant quelque soit le perfectionnement de la société, ce qu'il y a de plus important pour la majorité des citoyens, c'est de satisfaire leurs besoins physiques, et nous avons cru devoir nous occuper d'abord des droits qui en découlent.

CHAPITRE V.

DE LA LIBERTÉ INDIVIDUELLE.

La première de toutes les libertés sociales est celle de sa personne sous le rapport physique, ou la liberté individuelle.

Pour que l'homme jouisse de ses facultés, il est nécessaire avant tout qu'il puisse mettre librement en jeu les organes qui leur donnent la vie. A quoi lui servirait-il d'être doué d'intelligence, s'il ne pouvait l'exercer sur des objets extérieurs? Il aurait en vain les moyens de pourvoir à son existence et de propager son espèce, s'il était privé de la liberté de sa personne. Il serait dans cet état comme une belle machine, qui manquerait d'agent moteur.

Le droit social le plus précieux est donc la liberté individuelle, qui peut être définie, la faculté de faire usage à son gré de ses forces physiques.

Mais ce que nous avons dit de la liberté en général, doit s'appliquer à cette liberté particulière comme à toutes les autres, c'est-à-dire que son exercice doit être conforme à la raison, autrement l'usage abusif et inconsidéré de cette faculté la ferait dégénérer en licence, et le bien le plus précieux de l'homme en deviendrait le fléau le plus redoutable. C'est donc l'usage raisonnable des facultés physiques qui constitue la liberté individuelle.

Cependant comme l'on est rarement d'accord sur ce que prescrit la raison, il naît de là une foule de difficultés sur l'étendue de cette liberté. Toutefois, nous avons un sentiment intérieur qui nous dit ce qui est bien et ce qui est juste ; et il est rare que l'honnête homme qui le consulte soit égaré dans ses recherches. Il ne faut, dit Massillon, pour trouver la vérité, ni creuser dans les abîmes, ni s'élever au-dessus des airs ; il ne faut que l'écouter au-dedans de nous-mêmes.

Tout homme, dit aussi le baron de Grimm, qui aura des idées saines de morale, de vertu, de ce qui est utile à l'homme en société, soit pour se conserver lui-même, soit pour conserver le corps dont il est membre, reconnaîtra que les mortels n'ont besoin, pour découvrir leurs rapports et leurs devoirs, que de consulter leur propre nature (1)? Pensera-t-on, par exemple, que la raison qui nous dit que nous ne devons rien faire qui nuise à nos semblables, ne nous dise pas aussi que nous ne pouvons être privé de notre liberté, selon le bon plaisir d'un despote? Le moyen le plus assuré pour connaître à quel point les citoyens doivent jouir de la liberté, est donc de consulter la voix intérieure qui nous crie que nous sommes nés libres, et que rien ne peut nous priver des avantages qui sont attachés à notre organisation. Cette voix du créateur nous dit aussi que l'on ne peut abuser de ses facultés, au préjudice de ses semblables, parce qu'ils seraient ainsi privés d'une partie de leur liberté, et la liberté doit être égale pour tous?

Un troisième précepte se puise également dans la prévoyance humaine qui donne à toute association, comme à chaque individu, le désir et le moyen de pourvoir à sa conservation.

On doit donc prendre pour base de la liberté individuelle ces trois préceptes : 1° elle ne doit avoir d'autre limite que la raison; 2° son exercice ne peut nuire à personne; 3° elle peut être dirigée et modifiée dans les intérêts de la société.

Mais c'est toujours au premier précepte qu'il faut avoir recours, parce qu'il tient à l'existence humaine même. Ainsi il ne serait point permis de priver un citoyen de sa liberté, s'il n'en avait pas abusé. Il ne suffirait point d'alléguer que la conservation de la société toute entière exige ce sacrifice : car ce citoyen ne doit pas plutôt cesser d'être libre que chacun des autres

(1) Système de la Nature, t. IV, chap. XIII, p. 221

membres de la nation : et une loi qui exigerait d'une classe de citoyens qu'elle se consacrât exclusivement au service militaire, serait tout-à-fait injuste. C'est cependant ce qui existait en France avant la révolution de 1791, où les exemptions de la milice étaient si étendues, qu'il n'y avait guère que les indigens qui y fussent soumis. La loi qui, à Rome, exigeait que tous les citoyens fussent enrôlés pour la défense de la patrie, était très juste, parce que, dans ce cas, les charges de la société étaient égales aux avantages que chacun pouvait en retirer.

Mais lorsque la société exige exclusivement d'un de ses membres, qu'il abandonne une portion de sa liberté, elle lui demande plus que sa conservation et même que sa sécurité n'exige, et elle commet une injustice révoltante.

Telles sont les lois qui bannissent certains individus du territoire de leur patrie : rien ne blesse plus la justice.

D'après ce principe, serons-nous bien disposés à admettre ce qui a été avancé par plusieurs publicistes, que pour jouir de la liberté légale chaque citoyen renonce à sa liberté naturelle ?

Voici comment J.-J. Rousseau s'exprime à ce sujet, en parlant des clauses contenues dans le Contrat social :
« Ces clauses, dit-il, bien entendues se réduisent à une
« seule : savoir : l'aliénation totale de chaque associé,
« avec tous ses droits à toute la communauté.... Il dit
« ailleurs : le prince dit à l'un d'eux : il est expédient
« que tu meures, et il doit mourir. »

Cette proposition est évidemment erronnée, puisqu'elle ne peut se concilier avec cette vérité incontestable, que l'homme est naturellement libre et qu'il a été créé pour la société.

Mais le grand écrivain que nous venons de citer niait la sociabilité humaine, il n'est donc pas étonnant qu'il n'ait pas admis une des grandes conséquences de ce principe. Il est bien inutile que l'homme renonce à une qualité qui lui est naturelle pour vivre dans un état auquel il a été destiné. Si nous avons été créés tout à la fois pour la société et pour la liberté, qui ne conviendra qu'il n'y a aucune raison pour nous faire abandonner l'un de ces avantages pour l'autre, puisque nous pouvons les conserver tous deux ensemble.

Telle est aussi l'opinion du célèbre professeur Thoulier, qui s'exprime ainsi dans son Traité du Droit civil français : « Par droits absolus de l'homme, j'en- « tends ici ceux qui sont tels dans le sens primitif et le « plus étroit, ceux qu'il tient de la nature, ceux dont « il jouissait dans son état d'indépendance naturelle, « et dont il doit continuer de jouir dans l'état civil, « sans qu'on puisse les lui ravir : car le but de toute « association civile doit être de maintenir tous les asso- « ciés dans les droits absolus qu'ils tiennent des lois « immuables de la nature. » (Livre Ier, page 145.)

J.-J. Rousseau lui-même reconnaît ce principe dans une autre partie de ses ouvrages : « Si l'on entend, « dit-il, qu'il soit permis au gouvernement de sacrifier « un innocent au salut de la multitude, je tiens cette « maxime pour une des plus exécrables que jamais la « tyrannie ait inventées, la plus fausse qu'on puisse « avancer, la plus dangereuse qu'on puisse admettre, « et la plus directement opposée aux lois fondamen- « tales de la société. » C'est ainsi que le citoyen de Genève aurait toujours dû raisonner : il n'aurait pas donné des armes au despotisme contre la liberté.

Ce premier principe ainsi développé, examinons le

second qui repose sur cette ancienne maxime admise chez toutes les nations civilisées, qu'il ne faut pas faire à autrui ce que nous ne voudrions pas qu'on nous fît. Jamais précepte n'a été moins accompli : et, en examinant de près la société, on est tenté de se demander si chaque citoyen peut bien jouir de la même liberté, s'il n'est pas indispensable même, à raison de la nature des choses humaines que, chez une nation policée, une partie du peuple soit esclave ou dans un état voisin de la servitude pour que l'autre portion soit libre. Pour établir cette opinion, on pourrait citer l'exemple de presque tous les peuples anciens et même des nations modernes. Partout, dirait-on, on remarque beaucoup d'esclaves et très peu d'hommes libres. Dans l'antiquité on avait établi la servitude en principe. Le peuple juif lui-même connaissait l'esclavage. Dans les temps héroïques, tous les travaux pénibles étaient faits par des esclaves ainsi qu'on le voit par les écrits d'Homère.

Dans nos temps modernes l'esclavage est connu dans une portion de l'Europe et dans presque toute l'Asie et l'Afrique. Aux États-Unis même, sur la terre classique de la liberté, il y a des nègres esclaves. D'un autre côté, dirait-on toujours, nos paysans attachés à la culture des terres pour subvenir à nos besoins et à notre luxe, ne sont-ils pas, à notre égard, dans une sorte de servitude ? Ainsi, conclurait-on, il ne faut pas dire que dans l'état social, on ne doit pas abuser de la liberté au préjudice des autres hommes, puisque partout une classe de citoyens en abuse à l'égard des autres classes bien plus nombreuses. Que deviendra votre principe s'il ne peut recevoir d'application ? A quoi vous servira-t-il d'avoir établi une belle théorie, si elle n'est jamais mise en pratique ?

Mais ces objections ne sont que la censure de ce qui s'est presque toujours pratiqué dans la société, et elles ne peuvent détruire un principe qui est fondé sur la nature. Les abus même les plus anciens ne peuvent jamais légitimer ce qui est contraire à l'équité et à la raison.

Est-il bien vrai d'ailleurs qu'une nation ne puisse subsister sans esclaves? N'est-il pas certain, au contraire, que l'esclavage n'a pris naissance qu'avec les grands empires, le faste et la corruption?

Évidemment, la servitude et les autres abus du pouvoir ne peuvent jamais servir au maintien de la société, qui n'est jamais plus stable que lorsque le plus grand nombre jouit d'une entière liberté, et se procure aisément ce qui peut le rendre heureux.

Voyons maintenant ce que la société peut exiger de ses membres, relativement à l'exercice de leur liberté.

Nous avons déjà vu qu'elle ne pourrait en exiger un entier sacrifice qui n'aurait de compensation dans aucun des avantages qu'elle peut lui assurer. Pour connaître la règle à suivre à cet égard, il faut d'abord examiner si ce qu'on exige des citoyens doit tourner à l'avantage de chacun, en même temps qu'il est dans les intérêts de tous. Il faut aussi que chaque membre de la cité soit tenu à la même obligation : autrement il y aurait injustice.

Qu'on ne vienne pas mettre en avant ce prétendu principe qui a servi à motiver presque tous les actes de tyrannie. En tous les temps et dans tous les lieux, lorsqu'on a voulu commettre une grande injustice, on a invoqué le salut de la patrie : *Salus populi suprema lex esto.* disaient les tyrans de Rome dans les temps de proscription. Et leur exemple n'a été que trop bien suivi ainsi que l'atteste l'histoire de toutes les nations.

Sans doute le salut de la patrie peut exiger de grands sacrifices de la part des citoyens ; mais rien n'est plus précieux que la liberté. Le gouvernement qui la respecte et qui n'agit que dans les vrais intérêts du peuple ne sentira jamais la nécessité de la violer.

Si le pouvoir désire des lois d'exceptions qui suspendent la liberté de la personne, qui détruisent celle de la presse. le droit de réunion ou toute autre liberté ; en un mot. s'il veut le despotisme, c'est qu'il est incapable ou anti-populaire. Ne pouvant obtenir l'amour et le respect du peuple, parce qu'il ne respecte pas ses droits et ses intérêts, il veut gouverner par la crainte, mais il voit bientôt cette arme de la tyrannie se briser dans ses mains.

CHAPITRE VI.

DU SUICIDE.

Comme la liberté consiste à faire usage de ses facultés de la manière la plus absolue, peut-on penser qu'on puisse en abuser au point de s'en priver pour toujours, en se donnant la mort ? En d'autres termes, le suicide est-il un acte de liberté ?

Nous avons dit que l'exercice de la liberté doit être conforme à ce que prescrit la raison, qu'autrement elle devient licence, on aurait pu ajouter que, dans quelques cas, elle doit être considérée comme le résultat de la folie. Or il est certain que dans presque toutes les circonstances où un homme se décide à se donner la mort, il n'y est point déterminé par la raison : il a même été reconnu par les médecins que certaines maladies prédisposaient ceux qui en étaient atteints, à se priver de l'existence. C'est ainsi, qu'en Angleterre, les personnes attaquées de la maladie dont le siège est dans les hypocondres, se donnent souvent la mort après s'être livrées à une sombre mélancolie.

Les hommes que des malheurs ou des maladies cruelles déterminent à se suicider sont, lors qu'ils prennent cette détermination extrême, dans un désordre d'esprit tel qu'il est évident qu'ils ne peuvent agir par l'impulsion de la raison. En effet, il n'est pas de position, si malheureuse qu'elle soit, qui ne puisse devenir meilleure. De telle sorte qu'il est toujours prudent et courageux, pendant la tempête, de faire tous ses efforts pour éviter le naufrage : et celui qui, se livrant au désespoir se précipite dans les abîmes, ou se laisse engloutir par les flots, fait sans contredit un acte de lâcheté ou de démence. *Rebus in adversis facile est contemnere vitam, fortiter ille facit qui miser esse potest* D'ailleurs, comme le dit le savant Burlamaqui, nous devons pour ainsi dire tenir ferme dans le poste où Dieu nous a mis, jusqu'à ce qu'il nous en tire lui même

Ainsi le suicide est presque toujours un acte de folie

ou de faiblesse, et ne peut être un acte de liberté qui doit toujours être dicté par la raison et le courage.

Cependant cette règle peut avoir des exceptions, s'il résulte des circonstances qu'on a été porté au suicide par un courage héroïque, un patriotisme éclairé, ou une vertu sublime. Qui osera blâmer Caton qui ne veut pas conserver la vie après avoir vu périr la liberté de sa patrie? Qui n'admirera Codrus, Curtius, Décius, Lucrèce; et dans nos temps modernes, le chevalier d'Assas, Charlotte Corday, et tant d'autres qui volent à une mort certaine par un courage plus qu'humain.

Mais ces exemples sont rares, et loin d'être blâmables ils doivent être et seront certainement admirés par la postérité la plus reculée.

Ces actions, qu'on admire, ayant eu lieu dans des circonstances extraordinaires, il en résulte que dans le cours ordinaire des choses le suicide est blâmable.

« Nous ne sommes pas au monde, dit le chevalier de « Jaucourt, uniquement pour nous-mêmes, nous som- « mes dans une liaison étroite avec les autres hommes, « avec notre patrie, avec nos proches, avec notre fa- « mille. Chacun exige de nous certains devoirs auxquels « nous ne pouvons pas nous soustraire nous-mêmes. « C'est donc violer les devoirs de la société, que de « la quitter avant le temps, et dans un moment où « nous pourrions lui rendre les services que nous lui « devons, etc. »

Néanmoins on peut laisser le suicide impuni lorsqu'il ne porte pas directement atteinte à l'existence de la société. Mais s'il se propageait une secte qui inspirât à ses adeptes du dégoût pour la vie, comme dans l'antiquité la secte des stoïciens, et, depuis, certaines sociétés mystiques, il serait urgent de flétrir le suicide, parce qu'il ne serait que le résultat du fanatisme. Toutes

fois les marques d'ignominie infligées aux cadavres de
ceux qui se sont homicides volontairement ne peuvent
guère effrayer des hommes que la raison et l'instinct
de la nature n'ont pu empêcher de prendre la résolution de renoncer à la vie. Aussi les législateurs modernes
ont sans doute été très sages de ne porter aucune peine
à ce sujet. Qu'un gouvernement fasse tous ses efforts
pour éclairer le peuple et pour le rendre heureux, et il
n'y aura que des insensés qui se donneront la mort.

CHAPITRE VII.

DU DROIT D'ABANDONNER SA PATRIE.

« Les Grecs et les Romains, dit le chevalier de
« Jaucourt, ne connaissaient rien de si aimable et de si
« sacré que la patrie : d'après eux, on se doit tout en-
« tier à elle : il n'est pas plus permis de s'en venger que
« de son père : il ne faut avoir d'amis que les siens ;
« de tous les augures le meilleur est de combattre pour
« elle. Il est beau, il est doux de mourir pour la con-
« server. Le ciel ne s'ouvre qu'à ceux qui l'ont servie. »
Il ajoute ailleurs : « Tout homme qui conviendra qu'il
« y a des devoirs tirés de la constitution de la nature,

« du bien et du mal moral des choses, reconnaitra celui
« qui nous oblige à faire le bien de la patrie, ou sera
« réduit à la plus absurde inconséquence. »

Ces maximes sont d'une grande vérité : mais tout en
admirant les vertus patriotiques des anciens, il faut cependant remarquer que leurs opinions, à ce sujet,
étaient loin d'être conformes à l'équité naturelle. Les
Grecs et les Romains qu'on vient de citer, avaient pour
leur pays un dévoûment qui approchait du fanatisme :
ils considéraient les autres peuples comme des barbares, envers qui ils n'étaient tenus à aucune justice, et
pour lesquels ils n'avaient réellement aucun sentiment
d'humanité. On pourrait dire que le patriotisme des
anciens, et notamment celui des Romains, était le
résultat de la nécessité où ils se trouvaient de se dévouer aux intérêts de leur pays, afin de subjuguer les
autres peuples, pour s'en partager les dépouilles. Ce
dévoûment sans borne à la patrie, ressemblait beaucoup à celui des forbans pour les compagnons de leurs
rapines.

La philosophie moderne a propagé d'autres principes, qui semblent maintenant adoptés par toutes les
nations éclairées. On reconnaît les devoirs des citoyens
envers le pays qui les a vu naître, envers la société
qui a protégé leur enfance, dirigé leur éducation et défendu leurs personnes : on apprécie l'étendue de leurs
obligations envers leurs concitoyens, qui leur sont liés
par le même langage, les mêmes habitudes et les affections les plus tendres.

Serait-ce parmi nous que l'on viendrait proclamer
des maximes contraires à cet amour sacré de la patrie?
Quel Français ne sent pas tressaillir son cœur au doux
nom de France? Il avait bien raison de le dire, cet il-
lustre général Foy : Il y a de l'écho en France, quand

on parle d'honneur et de patrie. Grande et heureuse pensée qui montre toute l'âme de cet orateur célèbre, et qui fait voir en même temps tout ce que le patriotisme a d'honorable et de sublime.

Mais ces sentimens doivent-ils éteindre en nous ceux de la raison et de la philantropie? Ne devons-nous pas toujours penser que nous sommes hommes avant d'être citoyens? Si nous avons des obligations à remplir envers la patrie, nous en avons aussi envers la grande famille, envers le genre humain. D'ailleurs on ne peut exiger de nous le sacrifice de notre liberté naturelle. Il faut donc reconnaître qu'un citoyen ne peut être empêché de sortir du territoire de sa patrie : une loi qui lui interdirait cette faculté, exigerait qu'il renonçât à ses devoirs envers ses semblables en faveur de ses concitoyens, qu'il abdiquât sa qualité d'homme pour ne considérer que celle de membre de la cité, et qu'il cessât, en quelque sorte, de faire partie de l'humanité pour une très petite portion de l'espèce humaine.

Sous quel prétexte la société pourrait-elle demander un si grand sacrifice à l'un de ses membres? Alléguerait-elle la sécurité publique? Il est certain qu'il y a des cas où l'émigration peut gravement compromettre le salut de la patrie, et où elle doit être considérée comme une trahison. Par exemple, si des soldats sous les armes, si des agens du gouvernement passaient à l'étranger dans un temps où leurs services pourraient être utiles : car il est difficile d'indiquer une circonstance, où la disparition de ces individus serait sans conséquence : mais dans ce cas l'émigration est une véritable désertion, et si elle est accompagnée d'une action criminelle : comme de révéler les secrets de l'état, ou de porter les armes contre la patrie, elle doit être considérée comme une infâme trahison et être punie avec rigueur

Mais alors le citoyen qui émigre, se trouve, soit par l'effet du sort auquel il est soumis, soit par suite de ses engagemens, chargé d'un service public utile à la sécurité de la société.

Le soldat sous les armes, l'agent de l'état, ont promis sur leur honneur d'accomplir leur service. Indépendamment du serment tacite de fidélité, qui lie tout citoyen à la patrie, ils se trouvent avoir contracté une obligation particulière, dont l'accomplissement est tellement urgent pour le bien du pays, qu'en le négligeant ils se rendent coupables d'un crime vraiment atroce.

Quand on parle de la faculté d'émigrer, il ne s'agit point évidemment de faire un droit de la trahison : il ne faut donc pas, dans l'examen de questions qui se rattachent à cette faculté, s'occuper des citoyens qui sont chargés d'un service public, pour lequel ils ont contracté des obligations particulières. Il ne faut avoir égard qu'à ceux qui sont dans une position absolument libre et indépendante. Ils ne peuvent, sous aucun prétexte, être retenus sur le sol de la patrie. Ce qui prouve que leur présence n'y est pas utile pour la sécurité de la société, c'est qu'ils ne sont point employés au service de l'état: ils peuvent donc aller, venir partout où ils le jugent convenable. Ces principes ont été consacrés par l'assemblée constituante, ainsi qu'on le voit par les articles 4 et 5 de la déclaration des droits de l'homme et du citoyen, et dans l'article 1ᵉʳ de la constitution de 1791. Ils furent violés peu de temps après par les lois de la convention: mais ils semblent respectés maintenant par toutes les nations policées. Cependant l'empereur d'Autriche rendit un décret en 1822, par lequel il prononça des peines sévères contre ceux de ses sujets qui sortiraient de ses états. Quelle démence! quelle tyrannie!

Le droit d'émigrer ne peut exister dans les contrées où il y a encore des serfs attachés à la glèbe : mais c'est une conséquence en quelque sorte nécessaire de la perte de la liberté.

Il ne faudrait pas non plus raisonner sur ce qui se pratique dans les états où règne le despotisme, pour apprécier les conséquences de la faculté d'émigrer : aux États-Unis d'Amérique, en Angleterre, en France et dans quelques autres états de l'Europe, l'expérience prouve assez que les gouvernemens qui accordent le plus de liberté, sont ceux qui peuvent le plus compter sur le service et sur le dévoûment des citoyens.

On ne peut assez s'étonner que sous Louis XIV, dans un temps où l'esprit humain avait fait de grands progrès, les peines les plus rigoureuses aient été portées contre les citoyens qui abandonneraient le territoire français sans la permission du gouvernement. L'ordonnance de 1669 prononçait contre eux l'emprisonnement et la confiscation de leurs biens : et il s'est trouvé des tribunaux qui ont appliqué avec rigueur cette loi cruelle. Mais il en devait être ainsi sous un prince à qui les courtisans disaient en lui montrant le peuple : *Tout cela est à vous, vous pouvez en disposer comme il vous plaira.*

Comme si les monarques pouvaient considérer les citoyens ainsi que des troupeaux parqués sur leur domaine. Cependant il est bien évident que rien n'appartient au monarque, ni les hommes, ni la terre qu'ils habitent. Le sol de la patrie est aux citoyens qui peuvent, s'ils le veulent, renoncer à leur propriété. Car les émigrans ne sont pas forcés de renoncer à leurs biens en abandonnant leur patrie, ils peuvent les conserver de la même manière que le pourraient des étrangers. Puisqu'on ne peut sans injustice prononcer de peine contre les émigrés, l'on ne peut évidemment les contraindre à vendre leurs propriétés, et encore moins les confisquer. Un gouvernement qui en agirait autrement violerait les principes les plus respectables du droit naturel sur lequel repose la propriété, qui est également consacrée par le droit civil et par le droit des gens, admis chez toutes les nations civilisées.

Il nous reste à examiner quels sont les devoirs de l'émigré envers son ancienne patrie.

A Dieu ne plaise que l'on veuille prétendre ici qu'un citoyen puisse jamais être dégagé de tout devoir envers sa patrie. Ne savons-nous pas que nos Français ne peuvent pas vivre loin de notre belle France, qu'ils ne la quittent jamais sans espoir d'y revenir; ce qui prouve que nous ne pouvons effacer de notre cœur le lien qui nous unit au pays qui nous a vu naître.

Cette observation doit nous faire apprécier l'étendue des devoirs de celui qui abandonne sa patrie: car nos devoirs sont réglés sur l'étendue de nos affections. C'est ainsi que le parricide est le plus grand de tous les crimes, parce que rien ne nous est plus cher que les auteurs de nos jours.

La patrie, qui est notre grande famille, occupant le second rang dans notre cœur, les crimes envers elle peuvent être gradués sur ceux commis envers nos parens. Celui qui va habiter une terre étrangère, peut être comparé au fils de famille qui se donne un père adoptif. Par cette adoption il contracte de nouvelles obligations: mais il n'est pas dégagé des devoirs qui le lient à sa famille: et il ne pourrait, sans commettre un parricide, attenter à l'existence de ses parens naturels. De même celui qui abandonne sa patrie, doit être considéré comme bien criminel, s'il vient y porter le feu et la flamme.

C'est ainsi que pensait Bayard, le modèle des chevaliers français. Ayant été rencontré par le connétable de Bourbon, au pied d'un arbre où il allait rendre le dernier soupir, celui-ci lui témoigna qu'il plaignait son infortune : mais Bayard lui répondit : *Qu'il était lui-même bien plus à plaindre de porter les armes contre sa patrie, et de vouloir mettre le poignard dans le sein de celle qui lui avait donné la naissance et l'éducation.* (Bossuet, discours sur l'Histoire universelle.)

On doit donc penser qu'un émigré, qui s'arme contre sa patrie, est bien coupable : et, s'il est pris les armes à la main, il doit être puni, mais non du dernier supplice, pour un crime que les préjugés et les circonstances peuvent rendre honorable aux yeux de quelques hommes.

On objectera peut-être qu'en admettant que l'émigré ne puisse pas porter les armes contre son ancienne patrie, il se trouvera ainsi dégagé du service militaire, qui est le devoir le plus pénible de ceux que les sociétés civiles imposent à leurs membres.

Mais il ne peut, en retour, jouir des mêmes avantages que le citoyen du pays qu'il habite, et le gouvernement de ce pays peut le faire contribuer aux frais de la guerre.

On peut considérer les passeports comme une entrave mise à la faculté d'émigrer : nous démontrerons bientôt qu'ils sont inutiles et qu'ils portent atteinte à la liberté. Nous ferons aussi voir que si on ne peut en exiger pour les voyageurs à l'intérieur, on ne peut pas davantage en demander aux étrangers que rien ne peut faire distinguer des citoyens

CHAPITRE VIII

DE LA FACULTÉ DE VOYAGER ET DES PASSEPORTS.

Il ne faut qu'observer la constitution de l'homme pour être convaincu qu'il a reçu de la nature le désir et la faculté de voyager.

La civilisation n'a fait qu'étendre le goût et l'utilité des voyages. Le perfectionnement de la navigation, la découverte de l'Amérique et les colonies qui s'y sont formées, ont fait une nécessité pour les nations modernes d'étendre leurs communications. Il ne leur suffit plus de porter leurs arts et leur industrie chez leurs voisins : leurs navigateurs parcourent toutes les mers, visitent tous les peuples connus, et ils répandent en tous lieux leurs richesses, leur science et leur philosophie. Quel moyen un despote aurait-il maintenant de bannir les étrangers de ses états, et de les empêcher d'y porter leurs lumières! Tous ses efforts seraient inutiles, et les œuvres du génie, multipliées à l'infini par l'imprimerie, s'introduiraient malgré lui dans son empire. Voilà le grand levier de la civilisation moderne, il répand chez tous les peuples le désir de s'instruire, et rend indispensable la faculté de voyager. Quel peuple n'est pas désireux de connaître les nouvelles découvertes des autres nations, pour en tirer quelque moyen d'augmenter sa prospérité.

C'est ce désir universel de l'aisance, fondée sur l'industrie, qui est le caractère que 'a nouvelle philosophie a imprimé à la marche de la civilisation. Par ce principe que l'on peut se procurer le bien-être sans dominer sur ses semblables, elle a établi une certaine alliance entre toutes les nations, et elle a multiplié leurs relations à l'infini.

C'est également ainsi que les habitans du même pays, fondant leur aisance sur les arts et sur le travail, et non sur le privilége et la domination, ont étendu le commerce intérieur, et multiplié les voyages qu'il nécessite.

Ce droit de voyager peut-il être soumis à quelque restriction dans l'intérêt de la société, ou convient-il qu'un gouvernement laisse librement circuler dans le pays qu'il régit tous ceux qui s'y présentent? On n'y voit aucun inconvénient, pourvu que ce gouvernement soit bien constitué, et que la police y soit faite par les citoyens qui ont le plus d'intérêt à faire respecter la propriété, et à maintenir la tranquillité publique. C'est ce qui a lieu aux Etats-Unis d'Amérique, comme le fait remarquer Fénimore Cooper dans son ouvrage sur les mœurs et sur le gouvernement de son pays. Là, tout individu peut voyager librement, sans qu'on s'enquière s'il est Américain ou Etranger. Mais vient-il à troubler l'ordre public, à attenter aux droits ou à la sûreté des citoyens, aussitôt il est traduit devant les tribunaux, qui en font bonne et prompte justice

On conçoit que dans un pays où la sûreté de l'homme serait confiée à des mains mercenaires et corrompues, on doit surveiller les gens sans aveu et les vagabonds : de là des passe-ports et des mesures souvent arbitraires. Mais un gouvernement qui est forcé de

surveiller ceux qui voyagent , parce qu'il n'a établi
qu'une mauvaise police , peut-il soumettre tous les
voyageurs et même les plus paisibles citoyens à l'arbitraire de ses agens , et attenter ainsi à leur liberté ? La
réponse ne peut être douteuse. Le citoyen qui sera
troublé dans son voyage par une mesure vexatoire ,
pourra dire au gouvernement : Je ne m'oppose pas à ce
que vous établissiez une meilleure police qui puisse ré -
primer les moindres délits , et prévenir ainsi les grands
crimes. Au lieu d'avoir des agens corrompus , dans le
cas d'être eux-mêmes surveillés plutôt que de surveiller les malfaiteurs , rien ne vous empêche de laisser
l'administration de la police à des magistrats citoyens
choisis dans une classe honorable : alors vous pourrez
laisser librement circuler les voyageurs

Ce raisonnement nous paraît sans réplique , tant il
est vrai qu'on ne peut déterminer où doit s'arrêter l'arbitraire. En violant une liberté , on est toujours contraint d'en violer plusieurs : et , dans un sens inverse ,
lorsqu'on accorde aux citoyens une garantie , elle s'é-
tend à plusieurs droits à la fois. C'est ainsi qu'en lais-
sant les magistrats municipaux au choix de leurs concitoyens , on obtient une bonne police qui maintient la
sûreté publique et la sécurité des voyageurs.

On objectera qu'en les soumettant à certaines obligations , ce n'est point leur ôter la liberté : et que les
passe-ports servent plutôt aux voyageurs qu'ils ne le
gênent. Mais on sait très bien qu'ils leur sont inutiles ,
précisément parce qu'ils sont accordés aux hommes le
moins recommandables , et que les individus réprouvés
par la société , parviennent toujours à s'en procurer.
Aussi personne n'obtiendra sur son passe-port le crédit
ou le secours dont il pourrait avoir besoin dans son
voyage Il est aisé de démontrer d'un autre côté que

cette obligation peut lui être préjudiciable, en le contraignant à dévoiler le but de son voyage qu'il peut avoir intérêt à tenir secret.

Ce sera bien pis encore, si le voyageur vient à perdre son passe-port: il peut être soumis alors à des poursuites sévères, et se voir emprisonner. Peut-être aussi éprouvera-t-il le même sort par la conformité de son signalement avec celui d'un malfaiteur. D'ailleurs n'est-il pas fâcheux d'être en butte aux investigations inquisitoriales des agens de l'autorité.

D'un autre côté, l'exemple des Etats-Unis nous prouve assez que l'intérêt de la société n'exige point que les voyageurs soient astreints à prendre des passeports ou à toute autre mesure de police.

CHAPITRE IX.

DU DROIT DE SE RÉUNIR.

Lorsque les hommes sont doués d'une faculté qui dérive de leur constitution physique ou intellectuelle, on ne peut douter que le créateur ne la leur ait accordée pour toujours. Il est bien évident que si nous sommes naturellement sociables, c'est pour jouir librement de la faculté de nous réunir avec nos semblables; car sans cette faculté, il n'y a pas de sociabilité. Aussi il ne peut entrer dans les desseins d'un gouvernement, d'en priver entièrement les citoyens. Mais ce ne serait pour eux, qu'un faible avantage s'ils ne pouvaient en jouir que pour se livrer aux travaux pénibles qui demandent le concours de plusieurs hommes, et s'il ne leur était jamais permis de former des réunions agréables, ou qui auraient pour but leurs intérêts communs.

Si l'on compare, relativement au droit d'assemblée, les états despotiques aux pays qui jouissent d'une sage liberté, on sera convaincu que cette faculté est le type des libertés publiques. En effet, dans presque tous les états de l'Asie et de l'Afrique, les hommes ne se réunissent que pour exercer leur industrie ou pour professer leur religion : mais les réunions publiques qui n'ont qu'un but agréable, y sont peu communes : et celles où l'on pourrait s'occuper de matières politiques, y sont absolument inconnues à la masse des habitans, qui ne pensent même pas qu'ils aient des droits à cet égard. Si de là nous passons aux contrées de l'Europe, qui sont soumises à un despotisme modéré, nous remarquerons que les citoyens s'y réunissent pour jouir du plaisir de la société, mais qu'ils ne peuvent s'y occuper de leurs droits politiques. Enfin, si nous jetons les regards sur les pays régis par un gouvernement libéral, soit républicain, soit monarchique, nous y voyons les citoyens jouir du droit d'assemblée, d'une manière assez étendue, avec cette observation toutefois que cette faculté reçoit une extension bien plus grande, à proportion qu'ils ont plus de liberté sous les autres rapports, ou à raison qu'ils sont moins corrompus : car il n'est donné qu'à des hommes vertueux d'être tout-à-fait libres.

Ces observations générales nous font connaître les bases sur lesquelles repose le droit de se réunir.

D'abord il est bien certain que ce droit est fondé sur la volonté même que le créateur a manifestée dans la constitution qu'il nous a donnée: et nous ne pouvons en être privés que pour notre plus grand avantage.

Ce principe est reconnu par tous les gouvernemens fondés sur l'intérêt général: mais ils diffèrent sur l'étendue qu'ils accordent à cette liberté, selon les circonstances où l'on veut l'exercer. Nous allons examiner les motifs de ces restrictions, et nous verrons si elles ne sont pas souvent établies plutôt dans les intérêts du pouvoir que dans ceux du peuple.

Voyons d'abord quels sont les objets qui peuvent donner lieu aux assemblées publiques. Nous ne parlerons point des réunions particulières qui doivent être protégées par ce principe, que le domicile est inviolable.

En se réunissant, les citoyens ont pour motif, ou leur agrément, ou leur utilité, ou la religion.

Les assemblées qui ont un but agréable, sont presque généralement autorisées par les gouvernemens représentatifs: on peut librement se réunir pour y jouir du plaisir de la conversation, du jeu, de la danse, de la musique, des banquets, des représentations théâtrales, ou de tout autre objet voluptuaire. Nulle entrave n'est en général mise à cette faculté: car on ne peut considérer ainsi la surveillance que l'autorité peut exercer, pour empêcher qu'on ne trouble l'ordre. Mais la police ne peut agir que pour rétablir la tranquillité; et elle ne pourrait défendre ces réunions, en prétendant qu'elles sont contraires aux bonnes mœurs, si aucune contravention aux lois n'avait été commise, et si les tribunaux ne pouvaient être appelés à statuer sur le délit; car ce qui n'est pas défendu par les lois est permis, et la police ne peut être plus exigeante que la loi, qui doit être suffisante pour protéger le bon ordre et les mœurs.

Les assemblées publiques ne peuvent donc pas être soumises à l'arbitraire des autorités : et il suffit qu'elles en soient averties, pour qu'elles puissent exercer leur surveillance. Si les citoyens étaient forcés d'obtenir l'agrément de la police pour avoir la faculté de s'assembler, il n'existerait plus pour eux de droit de se réunir ; car ce n'est plus un droit que celui dont on peut être privé arbitrairement.

D'après ces principes, il semble qu'un citoyen peut faire construire une salle de spectacle, et qu'une société d'acteurs peut venir y donner des représentations, sans être tenue à d'autre obligation qu'à celle de prévenir l'autorité locale des heures des réunions, afin qu'elle veille à la tranquillité publique. Il est vrai que cette grande liberté laissée à l'industrie, serait contraire à ce qui a lieu presque partout ; elle détruirait le patronage que les autorités exercent sur les entrepreneurs : et elle ne souffrirait point de directeurs privilégiés, ce qui se pratique à cet égard, étant bien plutôt dans l'intérêt de quelques individus que dans celui de la société. On pourrait prétendre que la sécurité publique exige que l'autorité surveille la construction des édifices destinés à ces assemblées : mais les propriétaires ont encore plus d'intérêt à avoir un édifice convenable. D'ailleurs si la construction en est vicieuse, l'autorité pourra demander que l'usage en soit interdit : et elle aurait encore le même droit dans le cas où elle aurait accordé son autorisation ; parce que, avant tout, il ne faut pas que la sécurité des citoyens soit compromise. Ainsi il ne convient pas plus de gêner les constructions de ce genre que celles des vaisseaux du commerce, des grands hôtels, et des autres édifices dont le peu de solidité peut compromettre la sûreté publique. Aussitôt que l'autorité reconnaît le danger, elle doit y remédier :

et, en cas de contestation avec le propriétaire de l'édi-fice, il doit y être statué par des tribunaux indépendans : l'autorité qui réclame ne doit pas avoir plus d'avantage que le particulier qu'elle veut dépouiller de sa propriété ou de son industrie. La position de ce dernier, que l'on dit être dans le cas de nuire au public, ne doit pas être plus fâcheuse que s'il avait commis un délit, pour lequel il serait appelé devant les magistrats. Il semble même que la société, qui veut prendre une mesure pré-ventive, soit dans une position moins favorable que lorsqu'elle demande la réparation d'un délit.

La même liberté doit être accordée aux directeurs de spectacle et aux sociétés d'acteurs : l'on ne peut mettre aucune entrave à leur industrie, sauf à les rendre res-ponsables des abus qu'elle pourrait entraîner. Ces prin-cipes ont été consacrés par le décret de l'Assemblée constituante du 13 janvier 1791, qui défend aux auto-rités de gêner les comédiens dans l'exercice de leur profession.

Il suffit d'avoir posé ce principe à l'occasion des réu-nions publiques : mais il convient d'en remettre le développement, lorsqu'il s'agira de l'industrie et du monopole.

Rien n'est plus facile que d'appliquer ce qui vient d'être dit à toutes les assemblées qui ont pour objet l'a-grément des citoyens : il n'est pas plus permis de mettre obstacle aux moyens qui les facilitent qu'à ces assem-blées mêmes. En interdisant les compagnies d'acteurs, de musiciens et des autres artistes de ce genre : en gê-nant l'industrie des individus qui réunissent les citoyens dans des lieux publics, vous mettez des entraves à la faculté de se réunir, et nous savons que l'arbitraire détruit entièrement le droit, puisqu'il rend son exer-cice absolument précaire.

Cependant il ne peut entrer dans la pensée de personne de prendre la défense des réunions immorales, qui sont évidemment intolérables : car tout ce qui tend à la corruption des mœurs, est funeste à la société et doit être réprimé par les magistrats.

Si, ce qui est fort douteux, ces réunions peuvent quelquefois être tolérées, parce qu'il conviendrait d'avoir dans un état, comme dans un vaisseau, des lieux destinés à recevoir les immondices, ces lieux doivent du moins être très rares et autorisés par des réglemens publics, sans qu'il puisse jamais y avoir de monopole ou de privilége à cet égard : car c'est un monopole bien funeste que celui qui est fondé sur la corruption publique, et ce qu'il rapporte à l'état est payé bien cher par les larmes et l'infâmie des citoyens.

On soutiendra qu'il ne peut y avoir de grandes villes sans de mauvaises mœurs. il faut en convenir, puisque l'expérience ne le prouve que trop bien : mais cette corruption pourrait se montrer sous des formes moins hideuses. Les Romains et les Grecs furent bien corrompus sans doute, et peut-être plus que nous ne l'avons jamais été : mais leurs courtisanes n'étaient point établies en compagnies privilégiées, et elles n'exerçaient point leur honteuse industrie au moyen d'une patente. Si les mœurs sont toujours assez corrompues, pourquoi les réunions corruptrices sont-elles autorisées par un brevet d'exercice ? A moins qu'on ne veuille étendre encore la dépravation publique, pour gouverner plus facilement un peuple tombé dans l'avilissement.

Quant aux assemblées particulières, nous avons dit qu'elles ne peuvent être surveillées par l'autorité : et ce principe n'a été méconnu que dans les pays soumis à une affreuse tyrannie. Mais si des citoyens formaient des conciliabules, pour ourdir des complots contre la sûreté publique: s'ils établissaient en secret des doctrines funestes pour les propager parmi leurs concitoyens: si enfin leur réunion, loin d'avoir un but honnête, ou du moins tolérable, ne tendaient qu'à corrompre et à désorganiser la société, il est certain qu'alors l'autorité pourrait intervenir pour poursuivre les délits qui auraient été commis. Mais encore ici rien ne doit être soumis à l'arbitraire de la police qui ne peut agir qu'en vertu des lois, et doit toujours poursuivre leur exécution devant les tribunaux.

Il nous reste encore à parler des assemblées qui ont pour objet la religion ou l'utilité publique: mais il nous suffit ici d'avoir prouvé que les citoyens ont en général le droit de se réunir, et que ce n'est que l'objet de leurs réunions, qui peut apporter quelque modification à cette faculté.

CHAPITRE X.

DE L'ESCLAVAGE.

Après avoir parlé des principales facultés physiques, il est naturel de s'expliquer sur les modifications qui y sont apportées, et, avant tout, sur la privation absolue de la liberté ou l'esclavage.

Les hommes étant tous égaux et libres, rien n'est plus contraire à leur constitution et à l'équité naturelle que la servitude. C'est une vérité qui n'a besoin d'aucune démonstration, parce qu'elle est dans notre cœur, et qu'elle est confirmée par la raison. Mais comment se fait-il qu'il y ait presque toujours eu des esclaves, même chez les nations les plus éclairées? Nous allons en rechercher la cause.

Nous nous demanderons d'abord quelle est l'origine de l'esclavage? Si l'on en croit l'histoire ancienne, il n'a commencé que sous l'empire des Assyriens, c'est-à-dire lorsqu'il y a eu beaucoup d'hommes qui vivaient dans le luxe et l'abondance. Mais dans les premiers âges du monde, les mœurs étaient si simples, que chacun pouvait facilement satisfaire à ses besoins: et des esclaves y étaient inutiles.

L'on voudrait en vain se prévaloir de quelques passages de la Genèse, pour soutenir que l'esclavage a toujours existé chez le peuple juif; mais il est certain qu'il n'a pris cet usage qu'après son séjour en Egypte; et si l'on a parlé des esclaves d'Abraham, c'est parce qu'on a mal traduit le mot hébreu, qui indique les serviteurs que ce patriarche employait à ses bergeries.

Il est bien certain que l'inégalité parmi les hommes, est aussi ancienne que la société même. Sans doute on y a toujours vu des riches et des indigens, et par suite des maîtres et des serviteurs. C'est le résultat de la civilisation et du droit de propriété, qui ne pourrait subsister, si les pauvres n'échangeaient pas leur travail pour les productions du sol possédé par les riches. Mais il y a bien loin de cet échange utile à celui de la liberté contre l'ignominie ou contre l'esclavage. Y a-t-il un marché plus infâme que celui où l'un des contractans donne tout ce qu'il possède, sa liberté même, pour qu'il ne lui soit plus permis de rien avoir.

Plutarque rapporte aussi que dans les premiers siècles l'esclavage était inconnu. Et comment pourrions-nous en douter, puisqu'il l'était entièrement dans toute l'Amérique, au moment de sa découverte. Là, comme du temps de l'âge d'or célébré par les poètes de l'antiquité, l'homme vivait dans la plus grande innocence, sans craindre qu'on vînt porter atteinte à sa liberté. Bien que les arts eussent commencé à paraître dans l'empire du Mexique et dans celui des Incas, les mœurs étaient restées pures, et la soif de la domination n'avait point encore porté les hommes à enchaîner leurs frères, pour assouvir leur ambition et satisfaire leur orgueil.

Ces exemples prouvent bien que la servitude naît d'une civilisation corrompue. Cependant cet abus a cela de particulier qu'il a été autorisé même par les premiers sages de l'antiquité. Platon et Aristote divisent les hommes en deux classes, les hommes libres et les esclaves. Etrange aberration! Comme si la divinité avait voulu, par cet exemple, montrer la faiblesse de l'esprit humain. Quoi! le divin Platon qui s'était élevé par son génie jusqu'au vrai Dieu, dans un temps où l'idolâtrie régnait sur toute la terre! Quoi! son esprit sublime avait trouvé les preuves de l'immortalité de l'âme, et découvert la marche de presque tous les astres, et il a fait injure à la divinité, en prétendant que certains hommes sont nés pour l'esclavage : comme si leur âme n'était pas aussi une émanation divine. Mais il faut reconnaître ici l'écueil de l'ancienne philosophie, qui n'a pu secouer ce préjugé barbare.

Il était réservé au christianisme d'abolir la servitude personnelle dans presque toute l'Europe. Les premiers chrétiens ne voulurent plus avilir des hommes que leur Dieu leur ordonnait de considérer comme leurs frères. Ces saintes doctrines passèrent dans la philosophie moderne : mais elles n'ont pu jusqu'à ce jour bannir entièrement l'esclavage. Plusieurs régions de l'Europe ont encore des serfs : il y a même des esclaves à Constantinople, et la servitude existe dans plusieurs contrées des trois autres parties du monde. L'orgueil et la paresse, voilà ce qui porte les hommes à asservir leurs semblables ; la barbarie, et peut-être le manque d'intelligence d'une certaine classe, voilà ce qui leur en donne les moyens. Mais la saine philosophie, qui tend à perfectionner l'espèce humaine, apprend aux hommes que leur bonheur est dans la vertu et dans l'industrie, et non dans la domination qu'ils exercent sur leurs semblables.

Pourquoi ne renoncerait-on pas entièrement aux esclaves, en raisonnant même sous le rapport de l'intérêt matériel, puisqu'il est facile de se procurer autrement l'aisance et le bien-être qui sont l'objet de tous les vœux ?

On pourrait dire aux propriétaires d'esclaves : « Imi« tez les habitans des états de New-York, de New-« Jersey, du Connecticut et des autres provinces de « l'Union américaine, qui ont augmenté leur prospé« rité en abolissant l'esclavage. Employez, comme eux, « les animaux aux cultures, auxquelles vous employez « des esclaves. Affranchissez vos nègres, procurez-« leur des habitations, des épouses, du travail, et les « cultivateurs ne vous manqueront pas. Ces mêmes « hommes que vous dites lâches, parce que vous les « avilissez en les maltraitant, deviendront des fermiers « laborieux ou des artisans industrieux, lorsqu'ils tra-

« vailleront pour eux et pour leurs enfans. Ils vous
« maudissent maintenant, et ils vous béniront en ap-
« prenant à leurs nombreuses familles qu'ils vous doi-
« vent la liberté, et sans doute aussi l'existence. Soyez
« humains, et vous trouverez des hommes pour culti-
« ver vos terres que vous fertilisez maintenant par le
« sang de vos frères. »

Mais on objecte que l'esclavage est indispensable
dans les climats brûlans des tropiques, où les habitans
sont portés par la chaleur à une excessive indolence.
Il est vrai que le séjour de ces pays énerve les corps :
mais le sol y est bien plus fertile que dans nos contrées
septentrionales. Il ne demande qu'une demi-culture,
si on la compare aux travaux qu'on est forcé de faire
dans une grande partie de notre vieille Europe. On
ne peut assimiler la terre vierge de l'Amérique aux
terrains épuisés de notre hémisphère. Ici la récolte est
satisfaisante, quand elle rend huit ou dix fois la se-
mence : tandis que le nouveau Monde produit en abondance le maïs et les autres céréales, au point qu'un
grain de blé en produit souvent plus de quarante. Cependant c'est surtout dans ces pays que l'on voit des
esclaves. Comment pourrait-on croire qu'ils sont utiles
dans les contrées des États-Unis, où l'esclavage règne
encore, puisque dans ces états le nombre des hommes
libres est supérieur à celui des nègres, et que les cultures faites par les blancs, ou par les affranchis, sont
bien supérieures à celles des esclaves. Cependant ces
cultures n'y sont pas perfectionnées comme en Angleterre, où la plus grande partie des travaux agricoles est
faite au moyen des animaux ou des machines.

Dans un temps où l'esclavage était généralement re-
gardé comme une nécessité dans la région des tropiques, voici comment Montesquieu s'exprimait à ce

sujet : « Il n'y a peut-être pas de climat sur la terre, où
« l'on ne pût engager au travail des hommes libres.
« Parce que les lois étaient mal faites, on a trouvé des
« hommes paresseux; parce que ces hommes étaient
« paresseux, on les a mis dans l'esclavage. » (Liv. XV,
chap. 8.)

C'est par les arts que les hommes peuvent aller au
vrai bonheur, qui ne peut être ailleurs que dans l'aisance de la vie. Ils ont dans la nature le véritable Eldo-
rado; c'est à eux de le découvrir par leur industrie.
Elle est déjà portée au point que les hommes peuvent
tous se procurer leur bien-être, sans ravaler leurs frères
à l'office des animaux. Quoi! les Européens qui habitent le sol le moins fertile de la terre, ont renoncé
presque partout aux esclaves, et dans les autres parties
du monde, qui sont beaucoup moins populeuses, eu
égard à leur étendue, on serait forcé d'y avoir recours!
Cela ne peut se concevoir. La chaleur du climat ne peut
excuser les maîtres des esclaves, puisqu'ils peuvent les
remplacer par des animaux, comme l'ont déjà fait avec
succès plusieurs d'entre eux. Il faut donc le dire : Les
contrées souillées par l'esclavage, sont encore dans
l'enfance de la civilisation, en les comparant à notre
Europe, et surtout aux pays où l'industrie a fait de
grands progrès, en même temps que la vraie philosophie.

En résumé, l'esclavage est contraire à l'équité naturelle, et il répugne à la raison en réduisant une classe
d'hommes à la plus affreuse misère, sans rendre plus
heureux ceux qui l'asservissent : le bonheur ne pouvant exister sans le contentement intérieur qu'on ne
rencontre jamais dans l'asile de la servitude.

CHAPITRE XI.

DE LA DOMESTICITÉ.

La domesticité paraît contraire à la liberté, en ce que les serviteurs ne peuvent disposer de leurs actions pendant le temps de leur engagement : mais l'obligation qu'ils contractent, n'est qu'une convention purement civile, et l'on ne peut rien voir d'opposé à la liberté dans un contrat qui peut cesser aussitôt que celui qui s'y est soumis, a une volonté contraire. Il est vrai qu'en cessant son service avant le terme de son engagement, le domestique doit payer une indemnité : mais c'est un principe de toute justice qui l'oblige à cette réparation.

Comment pourra-t-on dire d'ailleurs qu'un serviteur à gage renonce à sa liberté, en se soumettant à peu près aux mêmes obligations que les enfans de son maître, qui reconnaissent l'autorité de leur père, pendant toute leur minorité, et souvent aussi pendant la plus grande partie de leur vie.

Leur état est, comme nous l'avons dit, une suite nécessaire du droit de propriété. Les choses utiles à la vie ne peuvent être partagées par égales portions entre tous les hommes, puisqu'on en ferait le partage aujourd'hui, si cela était possible, ainsi que des objets qui les représentent, que dans très peu de temps l'égalité n'existerait plus. Nous ne sommes pas tous également intelligens, économes, industrieux, et nous ne mettrions pas tous le même soin à conserver ou à augmenter la portion de propriété qui nous serait répartie : de telle sorte que bientôt la différence des fortunes en viendrait au point où nous la voyons maintenant. Ainsi l'égalité des conditions étant impossible, ceux qui ne possédent rien sont forcés de céder leur travail aux citoyens qui ont en leurs mains les choses qui leur sont nécessaires, afin qu'ils leur en donnent une portion en échange. Telle est l'origine du louage d'ouvrage et de la domesticité.

Mais est-il juste que des hommes, assez malheureux pour être contraints d'aliéner en quelque sorte leurs facultés physiques, soient encore soumis à des lois exceptionnelles et rigoureuses ? Non, sans doute, et la raison en est simple : c'est que la domesticité n'imprime aucun caractère particulier à celui qui s'y soumet. Si vous faites des lois pour les domestiques, lorsqu'ils le voudront, elles ne pourront plus les atteindre. Si elles les frappent encore après qu'ils auront cessé leur service, autrement que pour en exiger une indemnité, elles seront tout-à-fait injustes.

Ainsi les ordonnances de nos rois, qui défendaient aux valets attachés aux personnes de la cour de quitter leurs maîtres, sous peine d'être poursuivis comme vagabonds, étaient souverainement contraires à la liberté et à la raison. Elles étaient aussi opposées à cette règle de droit : *Nemo potest precisè cogi ad factum.* D'ailleurs il était peu important qu'un courtisan fût privé d'un de ses domestiques : tandis qu'il importait beaucoup qu'on ne privât pas injustement de sa liberté un citoyen bien plus honorable, si l'on ne considère que l'utilité des professions, pour en apprécier le mérite.

Les domestiques ayant les mêmes droits que les autres citoyens, leurs obligations doivent être régies par les mêmes principes que tous les contrats de louage. Le décret du 3 octobre 1810, qui soumet les domestiques de la ville de Paris à certaine mesure particulière de police, et qui prononce des peines en cas de contravention, porte évidemment atteinte à la liberté des citoyens, sous prétexte de veiller à leurs intérêts dont ils sont les meilleurs appréciateurs.

SECONDE PARTIE.

DE LA SURETÉ OU DE LA FACULTÉ DE POURVOIR A SA CONSERVATION.

Introduction.

Ce ne serait qu'un faible avantage pour l'homme de jouir de sa liberté, s'il n'avait le moyen de conserver sa personne. Il lui serait inutile d'avoir reçu de la nature la faculté d'agir, si elle lui avait refusé celle de se défendre. Aussi le même sentiment qui nous porte vers la liberté, nous engage à pourvoir à notre conservation, et ces deux facultés sont tellement unies qu'elles semblent être la même. Cependant nous pouvons être libres, sans avoir besoin d'employer nos forces à la défense de notre personne, qui peut ne pas être en danger, et c'est sous ce premier rapport que nous avons jusqu'à présent considéré la liberté. Maintenant nous examinerons comment nous avons le droit de la défendre lorsqu'elle est attaquée : c'est sous ce point de vue qu'il convient d'examiner d'abord la faculté de pourvoir à sa conservation. Nous expliquerons ensuite par quels moyens nous pouvons subvenir à nos besoins physiques, puis nous parlerons de la propriété et de ses diverses modifications

CHAPITRE XII.

DE LA JUSTE DÉFENSE DE SOI-MÊME.

L'homme ne peut se procurer sa subsistance qu'en faisant usage d'objets qui conviennent également aux autres hommes. De là une rivalité continuelle, de fréquentes dissensions, et la nécessité de la défense. Dans l'état de nature, ou du moins dans celui d'une société naissante, tout est décidé par la force : mais comme les hommes sont plus égaux, lorsqu'ils sont rapprochés de la nature, le premier occupant a presque toujours l'avantage, soit parce qu'il a commencé à jouir de la chose qu'on veut lui ravir, soit parce qu'il a pu se disposer au combat et prendre une position favorable. D'ailleurs ces combats seraient très rares parmi des hommes qui vivraient presque dans l'isolement comme les animaux, et qui trouveraient facilement leur nourriture.

Dans une société populeuse ces dissensions seraient très fréquentes, si chacun ne sentait la nécessité de laisser à son voisin ce qu'il voudrait conserver à sa place : on le protége contre une attaque injuste, pour être secouru dans une occasion semblable. De là l'établissement des magistrats chargés de protéger, au nom de tous, les personnes et les propriétés. Mais cette institution n'enlève point aux citoyens le droit de se défendre eux-mêmes. C'est un secours que la société leur procure, sans pouvoir leur enlever une faculté qu'ils tiennent de la nature.

Quoi ! dira-t-on, il est donc permis de se faire justice à soi-même ? On ne peut en douter, s'il ne s'agit que de repousser la violence. Mais si l'on veut obtenir une réparation du dommage que l'on a éprouvé, il faut l'attendre de la société : car si l'on se permettait d'enlever à son agresseur une portion de ce qui lui appartient, pour en avoir une indemnité, on pourrait aussi se voir ravir son bien sous un vain prétexte : de cette manière le droit de propriété serait incertain, et la société serait ébranlée dans sa base.

Il n'est pas non plus permis de nous venger de notre ennemi, lorsque rien ne compromet notre sûreté. Comme le dit Burlamaqui, « la vengeance ne se pro-« posant pour but que de faire, sans aucune nécessité, « quelque mal à celui qui nous en a fait, et quoiqu'il « l'ait réparé, il est évident que c'est une pure cruauté « condamnée par les lois de la nature. »

Sans examiner toutes les circonstances où il est permis de faire usage du droit de légitime défense, nous dirons encore ici, avec le même auteur, que cette faculté exige trois conditions :

« 1° Que l'agresseur soit un agresseur injuste ;

« 2° Qu'on ne puisse point éviter le péril d'une

« manière sûre, ni autrement, qu'en faisant du
« mal.
« 3° Enfin, il faut que la défense soit proportionnée
« a l'attaque : c'est-à-dire qu'elle ne soit pas poussée
« au-delà de ce qu'exige proprement la défense de
« nous-mêmes. »

Nous pouvons aussi faire usage du droit de légitime
défense, pour protéger notre propriété, et même re-
prendre ce qui nous a été injustement enlevé, lorsque
notre spoliateur en est encore saisi. Il est même admis
dans notre Droit français, que l'on peut rentrer en
possession de sa propriété immobilière dans l'année de
l'usurpation ; mais après ce temps, le possesseur est
maintenu, provisoirement, par le magistrat qui doit
présumer que celui qui possède depuis un an, a un
titre légitime.

Nous arrivons maintenant aux attaques qui peuvent
être dirigées contre notre honneur. Puisqu'il est permis
de repousser, par tous les moyens possibles, l'attentat
commis envers notre personne ou notre propriété,
pourquoi n'en serait-il pas ainsi à l'égard de notre
honneur qui doit nous être aussi précieux que la vie.

Bien que l'on soit rarement d'accord sur ce qui constitue le véritable honneur, cependant voici les points
qui nous semblent peu contestés.

D'abord on reconnaît que l'honneur des femmes est
dans leur pudeur, dont la perte détruit tous leurs attraits ;
aussi Burlamaqui décide, avec les lois romaines, qu'une
femme peut donner la mort à celui qui porte atteinte à
sa pudeur, lorsqu'elle n'a pas d'autre moyen de repousser la violence qu'on exerce contre elle.

Relativement aux hommes, le chevalier de Jaucourt
définit ainsi leur honneur :

« L'honneur, dit il, est l'estime de nous-mêmes, et

« le sentiment du droit que nous avons à l'estime des
« autres, parce que nous ne nous sommes point écar-
« tés des principes de la vertu, et que nous nous sen
« tons la force de les suivre. » Il ajoute : « Voilà l'hon-
« neur de l'homme qui pense, et c'est pour le conser-
« ver qu'il remplit avec soin les devoirs de l'homme et
« du citoyen. »

Lorsque nous avons ce véritable honneur, il est bien
difficile de nous l'enlever. Comme il ne consiste pas
uniquement dans le courage guerrier, ni dans un vain
amour-propre, on ne peut en être dépouillé par une
injure, ou par un démenti, ou par le mépris d'un seul
homme. Ce n'est pas ainsi que l'on peut nous priver de
l'estime de nos concitoyens.

Ainsi l'homme vraiment honorable et vertueux, n'a
rien à craindre pour son honneur : et il ne sera point
contraint de le défendre au péril de ses jours. Comme
il ne tient qu'à l'estime des hommes vertueux, dont il
n'a rien à redouter, il doit mépriser les insultes des
hommes sans honneur et sans vertu, qui ne peuvent
lui porter aucune atteinte.

Il s'agit ici d'un homme instruit et sans préjugé,
d'un vrai philosophe : mais on peut avoir de l'honneur
sans être véritablement sage. Ainsi les hommes qui
suivent la profession des armes, ne peuvent ordinairement souffrir qu'on doute de leur valeur : ils ne portent
point une épée pour qu'on les insulte en vain : et ils
sont toujours prêts à tirer vengeance de la moindre attaque portée contre ce qu'ils croient être leur honneur.

De là l'usage du duel chez les nations guerrières :
mais c'est principalement chez les nations barbares
qu'il a pris son origine. Des peuples, vivant de brigandage, ne connaissaient pas d'autre justice que le
droit du plus fort

Cet usage cruel s'est perpétué chez les nations les plus civilisées, et il est tellement enraciné dans les mœurs, que les hommes les plus estimables sont souvent forcés de céder à ce préjugé, pour ne pas perdre l'estime de leurs concitoyens. Comme le dit Burlamaqui : « Ceux qui se trouvent malheureusement engagés « dans quelque affaire de cette nature, sont plus à « plaindre qu'à blâmer. » Ils ne peuvent attendre des tribunaux aucune réparation à cet égard, les magistrats n'ayant le plus souvent aucune influence sur l'opinion publique, qui est le tribunal de l'honneur.

CHAPITRE XIII.

DU PORT D'ARMES.

Ainsi que les animaux, l'homme a reçu de la nature le moyen de pourvoir à sa défense, à l'aide de ses forces et de son agilité. Mais il a aussi reçu l'avantage de s'approprier une multitude d'objets qu'il fait servir au même usage. Ces moyens de défense, qui n'étaient d'abord que des pierres et des branches d'arbre, se sont accrus par le développement de l'intelligence humaine : et les armes, qui d'abord n'étaient faites que pour assurer la sécurité de la personne, sont devenues un moyen de domination et de tyrannie. Mais cet abus des armes ne peut enlever aux citoyens le droit qu'ils ont de les employer à leur défense.

Cependant, comme on ne peut abuser d'un droit, sans priver d'une faculté analogue à ce droit celui envers qui on en abuse, la société peut régler par des statuts l'exercice du droit de port d'armes, de manière à en prévenir les abus, sans qu'elle puisse toutefois jamais en priver les citoyens, lorsqu'il leur est utile d'en user librement.

Qu'on interdise aux habitans des villes de porter des armes à l'habitude, au sein de la paix, sans aucun but d'utilité, et uniquement par vanité : qu'on les empêche d'aller visiter tous les jours leurs amis avec les mêmes armes qu'ils doivent employer contre leurs ennemis, ou contre les animaux malfaisans, rien n'est plus raisonnable.

Quant à l'usage des armes pour la chasse, on pourrait croire qu'on ne doit point en priver les citoyens, ni même leur imposer aucune entrave à ce sujet, parce qu'ils peuvent se procurer ainsi des moyens d'existence, à l'aide d'une industrie que leur enseigna la nature. Mais comme, dans notre état actuel de civilisation, la chasse a plutôt pour objet l'agrément que l'utilité réelle, et qu'elle tient au droit de propriété, il en résulte que la société a encore la faculté de poser des règles à cet égard, dans le but de conserver les récoltes, et afin d'imposer certaines charges pécuniaires à ceux qui veulent se donner un plaisir qu'elle leur procure. L'impôt sur le port d'armes ne portant pour l'ordinaire que sur une classe aisée de la société, et frappant un objet purement d'agrément et de luxe, on ne peut le blâmer ;

puisqu'il tend à diminuer les charges qui pèsent sur les citoyens industrieux et pauvres.

,,,

CHAPITRE XIV.

DU SERVICE MILITAIRE.

On a peine à croire qu'un citoyen puisse conserver sa liberté naturelle pendant qu'il est soumis au service militaire. La discipline des armées est tellement rigoureuse, qu'un soldat ne peut avoir d'autre volonté que celle de ses chefs. Tous ses mouvemens sont réglés et dépendent de celui qui le commande, comme les automates de la main qui les dirige.

Cependant, malgré cette contrainte, le citoyen est encore, à cet égard, dans une position plus favorable que s'il vivait dans la simplicité naturelle, où il serait contraint de pourvoir lui-même à sa défense. Ce ne serait plus seulement les incursions et les ravages d'une nation voisine qu'il aurait à redouter ; mais il devrait craindre, à chaque instant, les attaques des animaux féroces, et celles des hommes souvent plus cruels que les animaux. L'on ne doit donc pas se plaindre, si la société nous force à suspendre , pendant quelque temps, l'exercice de notre liberté , puisque nous serions dans une position plus fâcheuse, si nous vivions dans une entière indépendance.

Est-il bien vrai d'ailleurs que la liberté soit suspendue par l'obligation de défendre sa patrie ? N'est-ce pas là plutôt un acte de défense personnelle, conforme à notre état social. Dans l'état de nature nous repoussons instantanément et individuellement les attaques dirigées contre notre personne : dans l'état de civilisation, au contraire , nous combattons méthodiquement et en commun. Si, dans le premier cas, nous faisons un acte de liberté , pourquoi n'en serait-il pas de même dans le second ? Serait-ce parce que les soldats sont soumis à une discipline qui leur impose une certaine contrainte ? Mais cet ordre , cette régularité, sont nécessaires pour augmenter la force d'une armée , et pour la conservation de chaque soldat , qui succomberait bientôt, s'il n'agissait que d'après son caprice.

Ainsi le service militaire rentre évidemment dans l'exercice de la défense personnelle , qui ne change pas de nature , parce qu'elle est exercée en commun et avec méthode. Il ne peut en être autrement dans l'état de société , parce que les assaillans employant des masses disciplinées et faisant usage de toutes les ressources de l'art militaire , qui a profité des découvertes des autres arts, il devient indispensable de les repousser de la même manière. Si chacun agissait à sa volonté pour la défense commune , il n'y aurait ni sûreté individuelle , ni sécurité publique , et l'état succomberait bientôt.

Les citoyens ne peuvent donc se soustraire à l'obligation de porter les armes pour la défense du pays, puisque leur propre conservation l'exige. Mais la manière dont on les soumet à cette obligation, peut porter atteinte à leur liberté: et, à cet égard, nous rappellerons ce que nous avons dit au sujet de la liberté individuelle : Qu'il faut que les charges de la société portent également sur tous, et qu'elles ne leur soient imposées que lorsqu'elles sont vraiment utiles pour le bien de la nation. D'après ce principe, il ne doit y avoir de recrutement militaire qu'autant qu'il est nécessaire à la sûreté publique de rassembler une armée: secondement, le recrutement doit atteindre tous les citoyens.

De là, la nécessité d'examiner si les armées permanentes sont utiles. On pourrait penser que cette question est décidée par ce qui se pratique ordinairement. Mais ce serait une mauvaise manière de raisonner, que de dire que le despotisme est le meilleur des gouvernemens, parce qu'il est très répandu : car il suffit qu'une autre mode de gouvernement rende les citoyens plus heureux, pour qu'on doive le préférer. On pourrait soutenir que les Américains n'ayant point d'armée permanente, puisqu'on ne peut donner ce nom aux six mille hommes de troupes qu'ils entretiennent, il est inutile, en général, d'en avoir une: mais voyons si les raisons qu'ils nous donnent, pour en agir ainsi, sont fondées. Il est certain que jusqu'à ce jour ils n'ont eu, pour repousser leurs ennemis, que des milices ou gardes nationales disciplinées: et l'on doit penser qu'ils auront encore plus d'avantage, par la suite, à raison de l'accroissement rapide de leur population. Ils soutiennent même que les monarques de l'Europe pourraient en agir ainsi: et voici comment Cooper s'exprime à ce sujet : « C'est avec injustice, dit-il, que les gouverne- « mens se refusent à éclairer les peuples, et se plaignent « ensuite de ne pouvoir leur confier des armes. Nous « savons qu'un enfant peut blesser avec un instrument

« tranchant : mais nous savons aussi que la nature a dé-
« cidé que le temps viendrait où il pourrait en faire un
« utile usage. Je suis intimement convaincu que si l'on
« voulait instruire les peuples européens, on pourrait,
« sans danger et au contraire avec avantage, leur mettre
« un livre dans une main, et leur placer dans l'autre
« une bayonnette. L'intérêt général de toutes les nations
« est le maintien de l'ordre, et elles le maintiendront
« très certainement, si on leur en fournit les moyens. »
Il ajoute : « Imaginez, pour un moment, une popula-
« tion de douze à quinze millions d'hommes, ressem-
« blant à celle de la Nouvelle Angleterre, possédant
« dans le cœur de l'Europe une étendue suffisante de
« territoire : figurez-vous chaque homme muni d'armes
« et de munitions : dites moi s'il serait facile d'envahir
« un pays ainsi défendu, surtout s'il pouvait ajouter à
« sa milice un petit nombre de troupes régulières,
« prêtes à former, à toute heure, un premier corps
« d'armée. »

Il est évident, en effet, qu'une nation, qui pourrait
mettre sur pied trois ou quatre millions de milices ac-
coutumées au maniement des armes, n'aurait rien à
craindre des invasions étrangères.

Ce système, qui est sans doute le meilleur, une
fois adopté, le service militaire ne serait plus une
charge onéreuse pour les citoyens qui, sans quitter
leurs foyers, pourraient être armés et suffisamment
exercés pour la défense du pays.

Quant à la petite armée régulière, qui serait nécessaire pour rallier les milices, elle serait facilement recru-
tée par des engagemens volontaires, au moyen d'une
école militaire, et à l'aide de quelques encouragemens.

De cette manière, les citoyens seraient certains
qu'on ne viendrait pas dévaster leurs propriétés, sans

être contraints d'abandonner leurs occupations paisibles, pour embrasser la profession des armes. Personne ne serait soldat en temps de paix : mais tous les hommes, en état de porter les armes, rejoindraient les drapeaux, si les ennemis voulaient envahir le sol de la patrie.

Ce mode de défense publique est tout à la fois le meilleur pour conserver la liberté des citoyens, et le plus conforme à l'égalité naturelle : mais aussi il est le moins favorable au despotisme, et il ne sera jamais adopté par un gouvernement qui tend à l'arbitraire. Ce ne sont point des soldats citoyens qui conviennent à un despote : il lui faut une armée mercenaire qu'il puisse employer contre ses sujets.

C'est ainsi que les charges publiques ne sont rien pour des hommes libres, et qu'elles sont presque intolérables pour les sujets d'un monarque absolu. On ne peut donc faire trop de sacrifices pour acquérir ou pour conserver une sage liberté.

CHAPITRE XV.

DE L'OBÉISSANCE A LA LOI.

Il ne peut exister de société sans lois : et la loi n'a de force qu'autant qu'on est dans l'obligation d'y obéir :

mais pour qu'elle oblige tous les citoyens, il faut qu'elle émane de la volonté générale, et qu'elle soit faite pour tous les membres de la cité.

Quelle que soit l'autorité qui promulgue la loi, elle commande l'obéissance si elle a ce double caractère. Il n'est pas indispensable, pour cela, qu'elle soit décrétée par une assemblée populaire : car ces assemblées n'existent que chez les peuples où la civilisation est perfectionnée. Chez les autres nations, les ordonnances du monarque doivent être exécutées comme des lois, lorsqu'elles sont fondées sur l'équité naturelle, et qu'elles accomplissent les vœux des peuples dont elles satisfont les besoins. Toutefois elles n'ont pas la même autorité que les décrets du pouvoir législatif régulièrement constitué. Un souverain absolu peut sans doute établir de bonnes lois ; mais rien ne garantit qu'il n'en fera pas de mauvaises, ce que l'on a bien rarement à craindre d'une assemblée qui représente vraiment la nation.

La même obéissance est due aux coutumes qui, sans avoir été régulièrement établies, ont reçu leur sanction de l'exécution spontanée des citoyens, et qui ont été confirmées par le temps. Ces coutumes peuvent même être quelquefois les meilleures lois ; mais aussi elles contiennent assez souvent des usages qui tiennent aux préjugés ou à la barbarie des temps : et, sous ce rapport encore, on doit donner la préférence aux lois régulièrement délibérées et promulguées, et il n'y a proprement que celles-ci qui méritent ce titre.

Des lois qui choqueraient les principes de la nature, de la morale ou de la religion, inspireraient de l'horreur. *Dans la proscription du prince d'Orange par Philippe II, ce prince promet à celui qui le tuera, ou à ses héritiers, mille écus et la noblesse, et cela en parole de roi, et comme serviteur de Dieu. La noblesse promise pour une telle action! Une telle action ordonnée comme serviteur de Dieu! Tout cela renverse également les idées de l'honneur, de la morale et de la religion. (Montesquieu, Esprit des lois.)*

Il n'est pas douteux qu'une loi semblable n'est point obligatoire, et que celui qui l'exécuterait, deviendrait infâme comme son auteur. Ces actes ne méritent pas même le nom de loi : car, d'après Confucius, l'ordre établi par le ciel s'appelle nature, et ce qui est conforme à la nature s'appelle loi. Or, dans ces décrets il n'y a rien de conforme ni à la nature ni à la raison.

Ce qui donne la plus grande autorité aux lois, c'est lorsqu'elles sont obligatoires, même pour les hommes les plus puissans de l'état. S'ils ne voulaient pas les exécuter, ou s'ils en étaient dispensés par les lois même, elles seraient évidemment injustes, n'étant faites que dans les intérêts d'une classe privilégiée. Il en est de même des lois féodales, qui ne sont basées que sur le droit du plus fort, qui est loin d'être aussi respectable que le prétendaient les Romains. Autrement les Barbaresques d'Afrique seraient fondés à écumer les mers et à réduire en servitude les malheureux qui tombent dans leurs mains. Ici l'injustice se montre sous des formes hideuses et barbares, mais elle n'en est que plus révoltante, lorsque le brigandage est exercé par une nation puissante. Il faut donc dire, avec Rousseau, que le prétendu droit du plus fort n'oblige que physiquement, et qu'il est inutile de recommander d'obéir aux puissances. « Si cela veut dire, dit-il, cédez à la force, « le précepte est bon, mais superflu : je réponds qu'il « ne sera jamais violé. Toute puissance vient de Dieu « Je l'avoue ; mais toute maladie en vient aussi. Est-ce « à dire qu'il soit défendu d'appeler le médecin ? Qu'un

« brigand me surprenne au coin d'un bois : non seule-
« ment il faut par force donner la bourse , mais, quand
« je pourrai la soustraire , suis-je, en conscience, obligé
« de la donner ? Car enfin , le pistolet qu'il tient est
« aussi une puissance : convenons donc que la force ne
« fait pas le droit, et qu'on n'est obligé d'obéir qu'aux
« puissances légitimes. »

Ainsi quand une loi a un caractère évident de violence et de tyrannie, elle n'oblige point dans le for
intérieur, et il est permis d'y résister. Il est vrai que
cette résistance peut entraîner de graves inconvéniens :
elle peut causer une insurrection, et amener des conséquences terribles : mais rien n'est plus intolérable que
la violence et la tyrannie.

« Cependant, comme le dit Burlamaqui, quelque
« certains et incontestables que soient ces principes
« généraux, il faut prendre garde à ne pas en abuser
« dans l'application.... Car , outre qu'il faut donner
« quelque chose à la faiblesse inséparable de l'humanité,
« le soulèvement contre la puissance législative, qui
« fait toute la sûreté de la société, va au renversement
« de la société, et les sujets sont dans l'obligation de
« souffrir les inconvéniens qui peuvent résulter de
« quelques lois injustes , plutôt que d'exposer, par
« leur rébellion, l'état à être renversé. »

Ainsi l'obéissance à la loi est la règle , et la résistance
ne peut être qu'une exception extrêmement restreinte :
car on ne peut guère supposer une loi tout-à-fait injuste, si elle mérite réellement ce nom, c'est-à-dire,
si elle est l'expression de la volonté générale. Mais
comme les peuples, de même que les individus, ont
des momens de vertige, ainsi que nous l'avons vu en
France, sous le règne de la Convention , il faut bien
reconnaître que les assemblées populaires peuvent aussi

faire des lois tyranniques, auxquelles on n'est pas tenu d'obéir.

,,,

CHAPITRE XVI.

DE L'OBÉISSANCE QU'ON DOIT AUX MAGISTRATS.

Si les hommes étaient assez sages, pour ne jamais s'écarter des principes de l'équité naturelle que Dieu a gravés dans leurs cœurs, ils n'auraient pas besoin de lois et de gouvernement.

C'est ainsi que vivaient plusieurs peuplades de l'Amérique, lorsqu'on en fit la découverte. Mais cette heureuse simplicité ne peut exister chez des nations populeuses, où le rapprochement des individus excite le développement des passions et le choc des intérêts divers. Dans ces sociétés, la raison naturelle a souvent peu d'empire, si elle n'est pas sanctionnée par des lois positives, et s'il n'existe des magistrats pour veiller à l'exécution de ces lois.

Voilà l'origine et le but de ces institutions: il en résulte que les gouvernans ne peuvent substituer leur volonté à l'autorité des lois, puisqu'ils n'ont de pouvoir que pour leur exécution.

« Si la législation, dit Montesquieu, est insuffisante,
« les citoyens manquent de garantie pour leur liberté :
« parce que les magistrats suppléent, par leur volonté,
« au silence de la loi : c'est ce qui arrive chez les nations
« barbares de l'orient, où la loi ne contient que des
« principes généraux d'équité, que les Bachas interprè-
« tent selon leur caprice. »

Il ne suffit donc pas qu'il y ait une législation dans
un état, pour qu'il n'incline pas vers l'arbitraire, il
faut encore que les lois n'aient rien omis de ce qui tient
aux libertés publiques, et que les magistrats les exécutent fidèlement : car, en interprétant la loi, ils blessent souvent l'équité.

Cependant la civilisation a tellement compliqué les
relations des citoyens, que les lois ne peuvent prévoir
toutes les difficultés qui s'élèvent entre eux, et il est
souvent nécessaire de chercher dans les principes généraux des raisons de décider les cas particuliers. On ne
peut remédier à cet inconvénient, qui naît de la faiblesse humaine, que par le choix des magistrats.

S'ils sont nommés par un despote, ils seront despotes
comme leurs maîtres : « car, dans les états despotiques,
« comme le dit encore Montesquieu, le pouvoir im-
« mense du prince y passe tout entier à ceux à qui il le
« confie. Des gens capables de s'estimer beaucoup eux-
« mêmes seraient en état d'y faire des révolutions. Il
« faut donc que la crainte y abatte tous les courages... »
Et voilà les hommes chargés de la direction des affaires dans ces malheureux pays.

En comparant les gouvernemens tempérés aux états
despotiques, Montesquieu ajoute : « Toute la différence
« est que, dans une monarchie, le prince a des lumières
« et que les ministres y sont infiniment plus habiles et
« plus rompus aux affaires que dans l'état despotique.

Sans doute, mais ces ministres y sont le plus souvent des hommes de cour, auprès de qui l'intrigue réussit bien mieux que le vrai mérite et la vertu.

Ce n'est donc point encore ainsi que les magistrats doivent être choisis : et pourquoi ne le seraient-ils pas par ceux qui ont le plus d'intérêt à faire de bons choix : c'est surtout ici que les citoyens peuvent, sans inconvénient, exercer eux-mêmes une partie de la souveraineté nationale.

« Le peuple est admirable, dit encore Montesquieu, « pour choisir ceux à qui il doit confier quelque partie « de son autorité : il n'a qu'à se déterminer par des « choses qu'il ne peut ignorer, et des faits qui tombent « sous les sens.... Il sait qu'un juge est assidu, que beau- « coup de gens se retirent de son tribunal contens de « lui : qu'on ne l'a pas convaincu de corruption : en « voilà assez pour qu'il élise un préteur. »

C'est donc par le peuple, ou par ses délégués, que les magistrats doivent être nommés. Dans tous les cas, ils ne peuvent s'écarter des lois qui sont la base de leur autorité.

Mais s'ils méconnaissaient ces principes, quel moyen les citoyens auraient-ils de se soustraire à l'arbitraire ? Doivent-ils commencer par obéir dans toutes les circonstances, et ensuite réclamer contre l'injustice qui a été commise à leur égard : ou peuvent-ils résister tout d'abord à l'arbitraire.

Il faut encore faire ici la distinction que nous avons établie relativement aux lois. Si l'acte arbitraire qu'on reproche à l'autorité, est évidemment contraire aux lois et à la justice, de manière que personne ne puisse s'y méprendre au premier aperçu, il est permis, sans contredit, d'y résister, et même par la force, en cas de violence. Mais si cet acte n'a pas ce caractère, et qu'il soit nécessaire d'expliquer ou d'interpréter la loi, pour découvrir qu'il y est contraire, alors il convient, avant tout, d'obéir, pour réclamer ensuite contre l'illégalité. Il en serait de même d'un acte arbitraire, qui ne compromettrait pas essentiellement la liberté des citoyens : parce qu'on peut supposer, dans ce cas, de la bonne foi dans celui qui en prescrit l'exécution.

Ainsi ce n'est que dans les occasions où l'injustice est évidente, et où elle compromet d'une manière essentielle la sûreté individuelle, qu'il est permis d'y résister. Dans tous les autres cas, l'obéissance aux agens du gouvernement est un devoir. S'il en était autrement, ces magistrats n'auraient aucune autorité, parce que l'esprit de chicane ou de rébellion, trouverait toujours des moyens pour éluder l'exécution des lois.

CHAPITRE XVII.

DES ARRESTATIONS.

Si les magistrats n'avaient pas la faculté de séquestrer de la société le citoyen qui porte atteinte à la sécurité publique, ou à celle des particuliers, il leur serait impossible de pourvoir à l'administration de la justice.

L'emprisonnement est donc une conséquence nécessaire de l'abus de la liberté; car celui qui ne respecte pas la liberté de ses concitoyens, ne mérite pas de conserver la sienne: aussi tous les peuples ont-ils fait usage des arrestations. Il ne s'agit donc que de reconnaître dans quelles circonstances la société peut y avoir recours. D'abord, il ne faut pas oublier que le pouvoir des gouvernans ne leur est confié que pour l'avantage de la société, et que rien n'est plus précieux que la liberté. Ainsi, pour que les magistrats aient le droit de faire emprisonner un citoyen, il faut qu'un ou plusieurs autres citoyens aient été attaqués et gravement compromis dans leurs personnes ou dans leurs droits les plus chers.

Rien de plus révoltant que ces arrestations qui n'ont d'autres motifs que l'orgueil blessé d'un ministre, ou la vanité outragée d'une favorite. On peut aussi leur assimiler celles qui ne sont fondées que sur de prétendus délits contre la religion qui est hors de toute atteinte, ainsi que la plupart des arrestations pour délit politique, qui, connus pour tels aujourd'hui, pourront ne l'être plus dans quelques jours. Dans ces différens cas, rien n'est moins constant que le fait d'attentat contre la sûreté individuelle et contre la tranquillité de l'état.

Maintenant que nous avons reconnu, en général, dans quelles circonstances les arrestations peuvent être ordonnées, il convient d'examiner par qui elles peuvent être exécutées.

Lorsqu'un crime vient d'être commis, et qu'il est dénoncé par la clameur publique, tous les citoyens qui en sont instruits, se trouvent frappés dans la personne de celui qui vient d'en être victime. Pourquoi ne pourraient-ils pas pourvoir eux-mêmes à leur sûreté, en arrêtant le coupable? Ils ont sans doute ce droit, en le livrant aussitôt aux magistrats.

Mais lorsque le délit n'est plus flagrant, que la société ne poursuit plus le coupable de sa clameur, et que la renommée, en s'étendant, a mis souvent l'erreur à la place de la vérité, ils ne peuvent avoir le même droit : ils pourraient commettre trop d'injustices. Ils ne sont plus menacés dans leurs personnes, puisque les lois ont repris à être exécutées. Rien alors ne les autorise à agir eux-mêmes pour leur sûreté qui d'ailleurs n'est pas compromise.

C'est, dans ce cas, aux magistrats seuls qu'il appartient de rechercher le coupable, et ils doivent, dans cette poursuite, se conformer rigoureusement à la loi qui ne doit rien laisser à leur arbitraire : car c'est un grand malheur, quand les agens de l'autorité trouvent dans la législation elle-même les moyens de mettre leurs passions à la place de l'intérêt public. Mais, comme nous l'avons dit ailleurs, ces prétendues lois ne commandent pas l'obéissance, dans le for intérieur, parce qu'elles sont contraires à tout esprit de justice. Tels furent les décrets de la convention sur les suspects : et telle aurait été la loi qu'on proposait, en 1815, sur les catégories : lois barbares, qui ont depuis été mises en vigueur dans la malheureuse Péninsule. Les arrestations faites en vertu de ces décrets, ne sont, en aucune manière, commandées par le besoin de la société, et rien en eux n'est conforme à la justice. Pour qu'une arrestation soit régulière, il faut, comme nous l'avons dit, qu'elle soit motivée sur un délit, et qu'elle soit faite en vertu d'une loi qui mérite réellement ce nom, en réunissant les qualités que nous avons indiquées.

Tel est le caractère de toute arrestation régulière. Hors le cas de flagrant délit, elle ne peut être ordonnée que par les magistrats à qui la loi a confié ce pouvoir : et elle ne peut être exécutée que par un agent de l'autorité, ayant un caractère légal à cet effet. Toute arrestation, faite hors de ces circonstances, est contraire aux droits des citoyens, et ils ne sont pas tenus d'y obéir.

Ainsi l'on peut, d'après M. Coffinières, réduire à deux les hypothèses, dans lesquelles il est permis de résister à une arrestation injuste : « D'abord, dit-il, « lorsqu'un individu sans caractère public, qui n'est ni « agent de l'autorité, ni officier ministériel, se pré- « sente comme porteur d'un mandat d'arrêt. Ensuite, « lorsqu'un officier de police judiciaire, ou un déposi- « taire de la force publique, veut lui-même effectuer « une arrestation, sans avoir en ses mains un mandat « de justice ou un jugement de condamnation. »

Cet auteur ajoute une troisième circonstance qui est celle où un officier de police judiciaire, même porteur d'un mandat légal, pénètre la nuit dans le domicile d'un citoyen.

Dans ce dernier cas, la résistance est encore per- mise, parce que l'agent de l'autorité, qui se présente, pendant l'obscurité, ne peut pas suffisamment se faire reconnaître, pour qu'on soit tenu de respecter son caractère, et que d'ailleurs, s'il était permis de faire des arrestations pendant la nuit, les malfaiteurs pour- raient facilement s'introduire dans les maisons, sous prétexte qu'ils sont des agents de l'autorité. Mais il est aisé de voir que cette troisième circonstance rentre dans la première, où l'on peut résister à un individu sans caractère légal, lorsqu'il se présente pour faire une arrestation. En effet, celui que l'obscurité empê- che de se faire connaître pour un agent de l'autorité, est dans le même cas que s'il manquait réellement de caractère.

Dans toutes les autres circonstances où l'on peut

objecter contre une arrestation, non un vice radical , mais une simple irrégularité de forme , il n'est point permis d'y opposer la résistance : car , s'il en était ainsi, les agens de l'autorité se verraient exposés à être victime de leur zèle dans l'exercice de leurs fonctions.

C'est ce qui est souvent arrivé en Angleterre, où l'on exige une régularité minutieuse dans le warcing d'arrestation ; au point que l'omission d'une seule lettre, dans cet acte, peut le rendre nul, et autorise l'individu qu'on veut arrêter, à résister, à force ouverte , au porteur du mandat d'arrêt, et même à lui donner la mort. On serait tenté d'attribuer cette jurisprudence des tribunaux anglais à une sorte de fanatisme pour la liberté, si l'on ne savait qu'ils repoussent ainsi les actes de procédure civile, qui ne contiennent pas les expressions sacramentelles des formules propres à chaque genre d'action.

Mais la saine raison doit rejeter cet excès de sévérité, qui est plus nuisible qu'utile à une sage liberté. Il suffit qu'un officier de justice soit porteur d'un mandat qu'il croit régulier, et qu'il veuille l'exécuter de bonne foi, pour qu'il ne soit pas responsable d'une légère omission.

Dans ce cas, le citoyen que l'on veut arrêter, doit d'abord obéir, sauf à faire annuler l'arrestation, si elle est irrégulière. Mais ce ne sera jamais devant des juges français que l'on fera résulter cette irrégularité d'un simple défaut de rédaction. Nos magistrats s'attachent plus au fond des actes qu'à leur forme : et, sous ce rapport, nous avons fait bien plus de progrès en législation que nos voisins.

En résumé , pour qu'une arrestation soit régulière , il faut : 1° qu'elle soit motivée sur un délit : 2° qu'elle soit ordonnée et exécutée par un agent de l'autorité .

ayant caractère à cet effet; 3° qu'elle soit faite dans les circonstances déterminées par la loi; 4° et enfin que la loi soit telle que l'on doive y obéir, d'après les règles qui ont été indiquées.

Cependant il est des lois qu'il faut exécuter, bien qu'elles n'aient pas été faites avec tout l'esprit de modération et d'humanité qu'on doit désirer en cette matière. Convient-il, par exemple, qu'un citoyen soit mis en arrestation pour un délit qui n'a aucune gravité? Non sans doute. La loi ne peut, avant le jugement, infliger une punition pour un délit qui, une fois prouvé, ne donnerait lieu qu'à une peine légère. Ainsi, il semblerait que les délits, qui ne troublent pas la sécurité de la société, ne devraient pas donner lieu à une arrestation provisoire; et, si cette arrestation avait d'abord eu lieu, parce que le magistrat se serait mépris sur la nature du délit, elle devrait cesser aussitôt que les juges auraient pu en apprécier le peu de gravité. Mais il ne convient pas que cette appréciation soit remise à l'arbitrage d'un seul juge, car rien ne pourrait garantir les citoyens contre l'erreur ou la partialité du magistrat.

Faisant l'application de ce qui vient d'être dit à nos lois françaises, elles nous semblent vicieuses en ce qu'elles accordent au juge d'instruction seul le pouvoir de convertir le mandat de comparution en mandat de dépôt, même dans les délits correctionnels, et à l'égard d'individus domiciliés, que la crainte d'une punition peu grave ne saurait engager à fuir leur domicile; cet exil volontaire étant plus fâcheux pour eux que la comparution devant les magistrats, et même que la peine qui pourrait leur être infligée. À l'égard des prévenus non domiciliés, rien ne devrait empêcher de les mettre en liberté sous caution.

Mais, relativement aux individus accusés de crimes,

il est indispensable qu'ils soient séquestrés de la société, dont ils sont gravement soupçonnés d'avoir compromis la sûreté.

Voilà ce que l'on peut dire sur les arrestations qui ont lieu avant le jugement, et ordonnées comme mesures de sûreté. Nous parlerons de l'emprisonnement considéré comme peine judiciaire, lorsqu'il s'agira des jugemens criminels.

CHAPITRE XVIII.

DE LA PROPRIÉTÉ.

Jusqu'à présent nous avons considéré la faculté de pourvoir à sa conservation, sous le rapport des moyens que l'homme trouve en lui-même d'atteindre ce but. Maintenant nous allons examiner cette faculté, relativement aux objets extérieurs dont la nature lui assure la disposition, pour l'utilité ou l'agrément de son existence.

L'homme ne pouvant vivre sans s'approprier et consommer beaucoup d'objets que le créateur a mis à sa convenance, on ne peut douter que le droit de propriété ne soit dans la nature.

Ce droit est très restreint, il est vrai, pour des hommes

qui vivent dans la simplicité naturelle. Leurs besoins
étant très limités, il leur serait inutile de posséder la
plupart des choses devenues indispensables aux peuples civilisés. Une cabane, un arc, des flèches, des
peaux de marthe, et quelques vases grossiers, voilà la
propriété du sauvage. Ces objets sont bien peu nombreux : mais il faut absolument qu'il les possède, sous
peine de voir son existence compromise : et il ne lui est
pas moins utile d'avoir un arc et des flèches, pour se
procurer le gibier qui doit lui servir de pâture, que de
pouvoir jouir de sa liberté. Que deviendrait-il d'ailleurs, si, lorsqu'il est parvenu à l'atteindre, il pouvait
en être aussitôt dépouillé. Il faut donc qu'il puisse en
conserver la possession : et il en trouve le droit dans
son instinct naturel, qui l'a porté à se procurer ce qui
était utile à son existence et dans sa constitution, qui
lui donne la force de le conserver. Voilà, nous n'en
pouvons douter, les bases du droit de propriété.

Ce droit s'est singulièrement accru par suite de la
civilisation : mais il est aisé de voir que pour cela il n'a
point changé de nature, et qu'il devait ainsi s'étendre
à raison de la perfectibilité humaine.

Qu'on suive, en effet, les progrès de la société, et
l'on verra que les hommes, qui d'abord faisaient leur
demeure dans des troncs d'arbres, ou dans des grottes
souterraines, se sont, dans la suite, construits des cabanes couvertes de feuilles ou de roseaux. Ne se nour-
rissant, dans l'origine, que de fruits sauvages, ils s'avi-
sèrent après de se procurer, par la chasse, une nourriture plus substantielle et plus abondante. La foudre,
qui était tombée sur un arbre, leur apprit à allumer du
feu et à faire cuire les chairs des animaux qu'ils avaient
pris. Leur nombre venant à augmenter, les fruits qu'ils
trouvaient, et les produits de leur chasse n'étant pas

toujours suffisans, ils réunirent en troupeaux les animaux qui leur parurent enclins à ce genre de vie, afin de pouvoir disposer, à leur gré, de leur lait, de leur chair et de leur peau: de là la nécessité d'avoir des cabanes plus grandes, et même des étables. On s'aperçut aussi que les arbres et les plantes, accrus sur un terrain mouvant et cultivé, croissaient bien mieux que sur un sol inculte: et chacun cultiva le terrain qui avoisinait sa cabane, afin d'y trouver les racines et les fruits les plus utiles.

La culture des terres s'étendit ensuite, en proportion de l'accroissement de la population, et l'on en vint enfin au point que la terre sembla manquer aux cultivateurs.

Ceux qui avaient, les premiers, cultivé et fertilisé un terrain, se crurent fondés à en conserver la possession, de même que le sauvage avait pensé qu'on ne pouvait lui enlever la proie dont il s'était rendu maître. Ce raisonnement était fondé sur la justice: car les productions qui proviennent de la culture des terres, ne sont pas moins utiles à l'homme de la civilisation que le produit de la chasse au sauvage. Si celui-ci a le droit de conserver la cabane qu'il a construite, le citoyen de nos villes a sans doute la même faculté, relativement à son habitation et aux domaines qu'il possède. Ce droit une fois consacré par le consentement tacite de tous les hommes, qui y trouvaient leur avantage, il fut permis aux propriétaires de céder à leurs enfans, à leurs amis, ce qu'ils possédaient eux-mêmes. Il devint même loisible de céder son champ pour des objets mobiliers, ou de l'argent, qui en représente la valeur. De cette manière, le droit de propriété s'étendit, et un seul individu devint légitime possesseur de meubles ou de terrains, qui suffiraient aux besoins de plusieurs milliers d'hommes. C'est ainsi qu'une faculté, qui semble devoir maintenir l'égalité parmi les hommes, puisqu'elle leur donne un droit égal aux mêmes choses, est devenue l'origine d'une extrême inégalité entre eux.

Mais cette inégalité des fortunes, qui existe chez les nations civilisées, tend à diminuer, par suite du perfectionnement de la civilisation : parce qu'alors on ne peut employer la violence pour usurper la propriété : ce qui est souvent arrivé dans les temps de barbarie. Telle fut, en effet, l'origine de la féodalité qui s'est répandue dans toute l'Europe, et qui existe encore chez plusieurs des nations qui la composent. La propriété des seigneurs de fiefs vient de la conquête : ils exercent ce prétendu droit, et sur les terres et sur les hommes, dans les pays qu'ils ont soumis. Mais chez les nations modernes on ne peut acquérir ainsi la propriété : l'on ne voit plus de conquérans usurper des provinces entières, et en tenir les habitans en servitude. D'ailleurs, la multiplicité des successions, des ventes et des autres conventions, venant faciliter la transmission des biens, il devient aisé pour chaque citoyen d'acquérir une portion de terrain, et d'y trouver, au moyen de la culture, une existence facile et heureuse. Ainsi la propriété chez les peuples éclairés peut leur procurer un véritable bien-être, de même qu'elle est la source d'une injuste domination chez les peuples barbares.

Mais, dira-t-on, l'on ne peut soutenir que le droit de propriété soit dans la nature, puisqu'il existait, en Amérique, des nations chez lesquelles ce droit était entièrement inconnu : et l'on citera ce que J.-J. Rousseau dit, à ce sujet, dans son discours sur l'inégalité : « Le « premier, dit-il, qui, ayant enclos un terrain, s'avisa « de dire : ceci est à moi, et trouva des gens assez « simples pour le croire, fut le fondateur de la société

« civile. Que de crimes, de guerres, de meurtres, que de
« misères et d'horreurs, n'eut point épargné au genre
« humain celui qui, arrachant les pieux, ou comblant
« le fossé, eut crié à ses semblables : Gardez-vous
« d'écouter cet imposteur; vous êtes perdus si vous
« oubliez que les fruits sont à tous, et que la terre n'est
« à personne. »

Il serait mieux, sans doute, que nous pussions vivre
dans une entière indépendance et de nos semblables et
de nos besoins. Errant dans des contrées fertiles, qui
produiraient en abondance les fruits utiles à notre vie :
savourant tous les plaisirs que procurent l'innocence et
le repos, nous coulerions des jours toujours heureux,
ainsi qu'on représente les habitans des îles Sandwich,
dans l'Océan Pacifique. Sous un climat délicieux, sans
vêtemens, sans religion, sans lois, ils ne suivaient que
l'instinct de la nature, et ils jouissaient d'une félicité
parfaite.

Voilà, nous dit-on, quel serait notre bonheur, sans
la civilisation et les vices qui l'accompagnent. Mais, en
admettant que ces récits n'aient rien d'exagéré, qui
croira que tous les peuples de la terre eussent pu vivre
ainsi que les habitans de ces îles fortunées? qui pensera
que, dans nos contrées septentrionales, nous puissions
exister sans vêtemens, sans inquiétudes, attendant de
la nature les alimens et les autres objets qui nous sont
utiles? On ne voit point, dans nos climats, les arbres
à pain et les bananiers des îles Sandwich. Nous n'avons
que peu de fruits, de miel sauvage, et jamais d'œufs de
tortue : rien ne vient sans culture, sur ce sol ingrat, et
les habitans sont contraints de le fertiliser par leurs travaux, pour qu'il produise leur subsistance.

Mais alors ce terrain, qui se montrait d'abord avare
de ses dons, devient un sol où tout respire l'abondance,

et un peuple innombrable trouve tout ce qui peut soutenir et embellir sa vie, dans les mêmes lieux où la civilisation n'avait rencontré que d'horribles solitudes.

Soutiendra-t-on qu'il eut mieux valu que les hommes fussent moins nombreux, et réduits à ceux qui pouvaient vivre dans la simplicité naturelle? Mais pourquoi la nature nous aurait-elle donné cet instinct irrésistible, qui nous porte à la multiplication, en même temps qu'il nous entraîne vers la civilisation? Serait-ce pour nous laisser vivre comme les sauvages de l'Océan Pacifique? Non évidemment. Ce n'est pas en vain que nous sommes doués de perfectibilité, et que nous avons été faits sociables: et puisque ces facultés ne peuvent être exercées sans la culture des terres, qui ne peut exister sans le droit de propriété, il faut bien que ce droit lui-même soit dans la nature.

Il en résulte aussi qu'il est un de ceux que M. Toullier nomme absolus: c'est-à-dire dont on ne peut nous dépouiller sans injustice.

Cependant il faut convenir que la civilisation peut seule assurer à l'homme la jouissance entière du droit de propriété, qui ne trouverait pas dans la nature de garanties suffisantes, au point de développement qu'il a reçu chez les nations modernes. Aussi la société peut-elle exiger des citoyens, bien plus relativement à ce droit qu'à l'égard de tous les autres qui tiennent plus particulièrement à la personne.

C'est ce qui a fait admettre chez toutes les nations, qu'on peut contraindre un citoyen à céder sa propriété, pour cause d'utilité publique, et en recevant une juste et préalable indemnité.

Cette modification de la propriété est conforme à la raison: car la société, en assurant à chacun de ses membres ce droit précieux, avec toute l'étendue dont il est susceptible, peut bien, en retour, en demander quelquefois le sacrifice dans l'intérêt de tous, en assurant au citoyen qu'elle dépouille un moyen facile de se procurer une propriété semblable.

Toutefois ici il ne doit rien y avoir d'arbitraire. La nécessité de l'expropriation doit être bien constatée, et, en cas de contestation, des tribunaux indépendans doivent en décider. Il faut aussi que l'indemnité précède la perte de la propriété, afin que le citoyen qu'on dépouille, puisse, au même instant, la remplacer. Si la société pouvait retarder le paiement de l'indemnité, il n'y aurait plus d'égalité entre les citoyens, dont un seul supporterait un sacrifice auquel les autres ne contribueraient pas. Il serait même rigoureusement juste que la propriété cédée fut payée plus que sa valeur, afin que le propriétaire fut indemnisé du sacrifice qu'il est contraint de faire, en même temps qu'il reçoit la valeur de sa chose.

CHAPITRE XIX.

DE LA FACULTÉ D'ACQUÉRIR ET DE TRANSMETTRE LA PROPRIÉTÉ.

Nous avons vu que la propriété prend son origine dans nos facultés et dans nos besoins physiques. Fondée sur la nécessité, elle reçoit ses développemens de la civilisation. S'il fallait aux premiers hommes une cabane et quelques objets grossiers : de même des habitations commodes et des meubles élégans, nous sont devenus indispensables. Comme l'Indien de l'Océan Pacifique voulait jouir de sa cabane, parce qu'il l'avait construite, ainsi nous croyons avoir le droit de conserver la maison que nous avons édifiée et le champ que nous fertilisons. La prise de possession et l'occupation sont, dans l'un comme dans l'autre cas, des moyens d'acquérir et de conserver la propriété. Rien n'est plus raisonnable que ce droit du premier occupant, dont nous avons, de nos jours, des exemples dans les contrées de l'Amérique nouvellement habitées. Là chacun peut, à son gré, se créer une retraite et se procurer des moyens d'existence. Il ne lui faut que du courage et de l'industrie, et la nature lui donne tout en abondance, sans que les autres hommes tentent jamais de lui contester une propriété qu'il ne doit qu'à son travail. Plus heureux mille fois que les habitans de nos cités populeuses, les laborieux Pionniers des États-Unis deviennent de riches propriétaires. Que font-ils dans nos villes les ouvriers que la faim et la misère tourmentent, et qui ne voient leur salut que dans le luxe des grands et des riches, qui cause la ruine des cultivateurs ? Qu'ils aient aussi le courage de demander à la terre leur nourriture, des vêtemens et des habitations : elle ne leur refusera rien. Mais, pour obtenir le droit de propriété, il faut de l'énergie et de la vertu, et ceux qui végètent auprès des grands en ont bien peu.

Après l'occupation vient le droit de tradition, par lequel l'on peut transmettre ce que l'on possède, soit gratuitement, soit à titre onéreux. Il est naturel et raisonnable que je puisse transmettre à mes enfans, à mes amis, ce qui m'appartient. Il répugne également qu'on m'empêche de changer ma propriété pour celle de mon voisin, ou même pour un objet mobilier : car si je puis en user librement, je puis m'en dépouiller.

De là, les donations, les ventes, les échanges.

Cependant on pourrait douter que ces modes d'acquérir la propriété, soient les conséquences de nos facultés, parce qu'on ne voit pas que nous puissions faire passer nos immeubles dans les mains de ceux à qui nous voulons les transmettre : mais l'occupation étant la base du droit de propriété, rien ne s'oppose à ce que nous mettions notre successeur en possession de notre bien. L'on n'aura pas plus de droit de dépouiller notre acquéreur, ou notre donataire, qu'on n'en aurait eu pour nous évincer : car il sera en possession comme nous l'étions nous-mêmes.

C'est surtout ici que la civilisation est venue confirmer les droits des citoyens, en leur donnant les moyens de manifester leur volonté par des écrits. Dès lors l'occupation actuelle et instantanée, n'est plus indispensable pour acquérir la propriété : et l'on peut, presque toujours, justifier par des actes que l'on est légitime propriétaire : mais lorsqu'il n'y a pas d'écrits, il faut en venir aux principes que nous avons posés, et la possession est toujours la meilleure base du droit de propriété. Il est vrai que ce n'est pas toujours le dernier possesseur qui est préféré, mais bien celui qui a possédé le plus longtemps : et cela confirme encore notre principe, qui fonde le droit de propriété sur le travail et sur une juste possession.

Par suite de la facilité qu'a le propriétaire, de faire connaître sa volonté, relativement à la disposition de ce qu'il possède, il a été admis qu'on peut disposer de son bien pour le temps où l'on n'existerait plus ; et cette faculté n'est vraiment, comme le disaient les Romains, que le pouvoir de régler sa succession ainsi que la nature elle-même aurait pu le faire.

De même que nos enfans sont nos héritiers naturels, et que, comme l'a dit l'empereur Napoléon, nous ne pouvons leur avoir donné la vie et leur refuser les moyens d'exister, ainsi il est raisonnable, lorsque nous n'avons pas d'enfans, que nous puissions faire passer nos biens à ceux qui occupent le premier rang dans notre affection.

Mais peut-on, par des lois, mettre des entraves au droit de propriété? Non sans doute. Le corps législatif et le corps constituant ne peuvent avoir ce pouvoir, puisque ce droit nous vient de la nature, et que les hommes ne peuvent nous en priver sans injustice.

Tout ce que le corps législatif peut faire, c'est de régler cette faculté, en suivant pour base ce que prescrit la raison naturelle. Il semblerait, par exemple, que ce droit étant absolu, les parens devraient pouvoir priver entièrement leurs enfans de leurs biens, ou disposer de la totalité de leur succession en faveur de l'un d'eux; mais la nature et la raison s'y opposent évidemment. Si les Romains en agissaient autrement, dans les premiers temps de leur république, cela tenait à la barbarie de leurs mœurs, qui ne leur permettait pas de penser qu'il pût leur être interdit de disposer, à leur gré, du bien qu'ils avaient acquis, le plus ordinairement, par la force et par le brigandage.

L'on ne pourrait non plus, sous un prétendu motif politique, favoriser l'orgueil d'une classe de citoyens, qui voudraient conserver leurs biens dans leurs familles, en les transmettant aux aînés de leurs enfans.

au préjudice de leurs frères. Rien ne peut autoriser cette coutume barbare, pas même la raison d'état, qui, du reste, ne peut exister, puisque nous verrons, quand il s'agira de la noblesse, que son existence est contraire à l'égalité naturelle et aux vrais intérêts de la nation.

Sous le motif de donner plus d'authencité aux contrats, et d'en assurer la conservation, les gouvernans exigent des formalités, par suite desquelles les contractans sont tenus de payer au trésor public des sommes souvent excessives. Il est encore évident que, dans ce cas, les citoyens sont blessés dans leur droit de propriété. Car si j'ai le droit d'acquérir et de disposer de mon bien, je ne puis être soumis, à ce sujet, à des formalités purement fiscales.

Mais on me dira : Vous avez admis que la propriété pouvait être soumise à plusieurs charges publiques : eh bien, les droits d'enregistrement, d'hypothèques et autres, ne sont que des impôts de ce genre, et encore mieux établis que les autres, puisqu'ils ne sont ordinairement supportés que par des citoyens qui améliorent leur position, en acquérant de nouveaux biens. Mais ce n'est que l'excès de ces impôts qui est intolérable, et ils seraient infiniment restreints, si l'on n'exigeait des citoyens que ce qui est scrictement utile à l'administration de l'état.

CHAPITRE XX.

« La propriété des biens établie, dit Burlamaqui,
« les hommes n'auraient pas parfaitement pourvu à
« leurs besoins, s'ils n'avaient pas établi entre eux le
« commerce, au moyen duquel, par des échanges ré-
« ciproques, ils pussent se procurer ce dont ils man-
« quaient, en donnant, par contre, des choses dont ils
« pouvaient se passer. »

Telle est l'origine du commerce : la civilisation venant ensuite nous créer de nouveaux besoins et nous
faciliter les moyens d'y satisfaire, par l'usage de la
monnaie, du papier, de la navigation et des autres découvertes, elle lui a donné l'étendue qu'il a maintenant :
souvent il ne s'occupe plus des choses d'une nécessité
absolue, mais plutôt d'objets d'art et de luxe, dont
nous ne pouvons cependant nous priver, sans nuire en
quelque sorte à notre bien-être : car l'homme de la civilisation a besoin, pour être heureux, de jouir de tous
les avantages qui sont en rapport avec le perfectionnement de son existence. Son droit de propriété n'est
point changé, puisqu'il l'exerce toujours sur les mêmes
objets qui ont été mis à sa disposition par l'auteur de la
nature. Si l'on voulait nous enlever la faculté de disposer de ces choses, sous prétexte qu'elles ne sont pas

indispensables à la vie, on pourrait aussi prétendre, comme le pacha d'Egypte, que le froment n'est pas destiné à la nourriture des hommes du peuple : mais qu'il appartient au souverain qui doit seul en faire le commerce, afin de subvenir aux dépenses que nécessite l'exercice de son autorité.

C'est à ce point que l'on abuse de ce raisonnement du despotisme ! Cependant l'on ne peut dire que les hommes ne soient pas maîtres de ce qu'ils recueillent sur le sol fertilisé par leurs mains : mais jamais vérité ne fut plus méconnue : car, chez presque toutes les nations, mille entraves diverses sont mises au commerce.

Nous examinerons d'abord ce qui est relatif aux impôts, et ensuite ce qui a rapport au monopole.

Tous les droits connus sous les noms de douanes, excises, aides, impositions indirectes et autres de ce genre, mettent les propriétaires et les commerçans dans une gêne intolérable, et sont d'une injustice évidente : car pourquoi le sol de mes marais sera-t-il grévé d'un impôt énorme, tandis que les fourrages, les légumes et le blé, que mon voisin récolte sur un terrain contigu, ne paieront aucun droit ? Cependant mon terrain paie déjà un impôt foncier excessif. C'est une singulière manière de me récompenser de la peine que j'ai prise pour obtenir un genre de production indispensable à tous mes concitoyens, et surtout à la classe indigente.

Pourquoi le vin que produit la vigne que j'ai fait croître par des soins assidus et à grands frais, sur un sol ingrat, sera-t-il poursuivi par une nuée de commis, aussi voraces que les insectes qui viennent fréquemment dévaster les moissons ? Pourquoi ? parce qu'il faut aux souverains, à leurs confesseurs, à leurs maîtresses, à leurs ministres et aux amis et valets de ceux-ci, des

revenus énormes pour les alimenter. Heureux Américains, vous avez banni de votre sol ces harpies qui
souillent et dévorent nos malheureuses campagnes !

On objectera que les douanes extérieures sont devenues indispensables, puisqu'on ne pourrait les supprimer chez une nation, sans causer la ruine de certains
genres d'industrie, et sans favoriser les industries étrangères. Il faut le reconnaître: mais nous dirons que l'abus
étant général, il faudrait une réforme générale.

Toutefois, ces différens droits blessent bien moins
l'équité naturelle que les priviléges que les gouvernemens accordent relativement au commerce de certaines
denrées ou à certaines industries. Là, c'est le prétendu
droit du plus fort qui fait la loi, et rien ne se rapproche plus de la barbarie. Nous pouvons voir, par l'étendue de ces priviléges, chez les différentes nations,
quelle est la liberté dont on y jouit.

Aux États-Unis, il n'existe aucun monopole. La
poudre, le salpêtre, le tabac, ainsi que tous les produits des manufactures, y sont livrés à l'industrie de
tous les citoyens.

En France, ces objets sont fabriqués par l'état, dont
les agens ne rougissent pas de se faire marchands de
poudre et de cigares.

En Angleterre, ces monopoles n'existent pas: mais
ils y sont remplacés par celui du thé et des épiceries,
qui est concédé à la compagnie des Indes. Il est vrai
que de profonds politiques prétendent justifier ce privilège, en soutenant qu'il a été cause de la prospérité
du commerce et de la marine de l'Angleterre, et par
suite de la puissance de cette nation. Mais il n'en est pas
moins vrai qu'il choque la liberté, et qu'il est exercé au
mépris des droits les plus chers de l'humanité, puisqu'il
réduit à une sorte d'ilotisme près de quarante millions

d'hommes. Quelle science affreuse que la politique, si elle peut autoriser des abus de ce genre !

Parlerons-nous de certains états où le gouvernement abandonne à des compagnies privilégiées, ou à des particuliers, le droit de faire moudre le blé, celui de faire cuire le pain, de ceux qu'ils nomment leurs sujets, ainsi que bien d'autres priviléges. Comparerons-nous au gouvernement des États-Unis les princes de la côte de Guinée, qui s'arrogent le monopole de la vente des esclaves, et le souverain du Japon, qui fait seul le commerce des perles et celui des autres objets exportés de ses états ?

Ces exemples montrent, d'une manière bien évidente, tout ce qu'ont d'odieux de pareilles usurpations.

Serait-ce pour payer des dettes énormes que presque tous les gouvernemens se sont créées, qu'on voudrait prétendre que ces monopoles sont utiles ? Mais ces dettes sont elles-mêmes des abus qui ne peuvent justifier un autre abus également intolérable.

CHAPITRE XXI.

DES IMPÔTS.

L'impôt est cette portion du produit de leurs propriétés, ou de leur industrie, que les citoyens abandonnent au gouvernement, pour subvenir aux charges de l'état. Les hommes qui s'occupent des affaires publiques, ne pouvant, le plus ordinairement, veiller à leurs propres intérêts : et, pour acquérir les connaissances nécessaires aux charges du gouvernement, étant contraints de faire des dépenses souvent considérables, il est juste qu'ils reçoivent une indemnité proportionnée à leurs sacrifices. Il n'y a que quelques fonctions publiques qui puissent être gratuites, celles qui, par exemple, sont honorables et peu pénibles : mais il n'en peut être ainsi pour les emplois qui exigent de grands talens et des soins assidus. Les fonctions subalternes, qui ne peuvent être confiées qu'à des hommes sans fortune, ne peuvent aussi être gratuites

Dès lors il ne peut exister de gouvernement sans impôts, qui sont également indispensables pour subvenir aux autres dépenses de l'état.

Le meilleur gouvernement, sous ce rapport, est donc celui qui coûte le moins, et il serait facile de démontrer que celui, qui impose le moins de charges aux citoyens, leur accorde le plus de liberté.

Montesquieu dit, à la vérité, que les peuples qui jouissent d'une plus grande liberté, sont ceux qui peuvent supporter les charges les plus onéreuses : mais il ne dit pas qu'ils le doivent, ce qui est bien différent : car lorsqu'un peuple paie de gros impôts, il est clair que les citoyens n'y jouissent pas entièrement du droit de propriété : et qu'au contraire, s'ils peuvent jouir de presque tout le produit de leurs biens, ou de leurs travaux, et que d'ailleurs leurs autres droits soient assurés, ils ont alors atteint le plus haut degré de liberté possible. Il est vrai que dans cette position, les membres du corps politique sont infiniment attachés à un ordre de choses qui leur procure une si grande aisance, et qu'ils doivent faire les plus grands sacrifices pour le soutenir.

Quel citoyen des Etats-Unis ne serait pas décidé à sacrifier la plus grande partie de sa fortune pour un gouvernement qui ne lui impose presque aucune charge, et qui lui assure la jouissance de tous ses droits.

« J'ai connu, dit Cooper, un fermier de l'un des an- « ciens comtés de New-Yorck, qui possédait une ferme « qui valait 5,000 dollars, et ne contribuait que de « 5 dollars, par an, aux dépenses de l'état. Il ajoute : « Le gouvernement général des Etats-Unis n'imposant « aucune charge en temps de paix, on ne saurait être « protégé, par un gouvernement, à meilleur compte.»

En France et dans tous les autres états de l'Europe, ce fermier eut payé une somme beaucoup plus élevée, sans compter les autres charges qui sont encore plus onéreuses que les impôts directs : et, sous tous les autres rapports, il eut été bien moins libre.

Mais aux Etats-Unis les impôts sont votés par des représentans librement élus par le peuple. Là, nulle intrigue, nulle cabale, ne peut empêcher les citoyens de manifester leur volonté dans les élections. Le gouvernement y demeure absolument étranger : et, bien qu'elles soient tout-à-fait populaires, les nominations y sont presque toujours faites parmi les hommes distingués par leur fortune, leurs talens et leur industrie.

C'est évidemment dans une assemblée ainsi formée, que les impôts doivent être votés. Le gouvernement ne devant être établi que pour le peuple, le peuple doit régler les dépenses de l'état.

Mais si une assemblée, illégalement composée, s'arrogeait le droit de voter des impôts, les citoyens ne devraient pas les payer. Alors la résistance devient non seulement un droit, elle est même un devoir. Il en résulterait, il est vrai, une commotion fâcheuse ; mais si la résistance était générale, l'insurrection serait de peu de durée, et la légalité succéderait bientôt à la violence.

Il peut également arriver que des représentans, dont la nomination ne sera pas le résultat de la volonté générale, se couvrant d'une apparence de légalité, viendront voter des impôts excessifs et disposer de la substance du peuple, pour alimenter une foule d'hommes oisifs et corrompus, et souvent ennemis des libertés publiques. Cette assemblée sera bien plus pernicieuse que si elle était évidemment illégale, car elle conduira infailliblement la nation à une révolution, qui sera d'autant plus violente, qu'elle aura été contenue, pendant quelque temps.

Pour être juste, il faut donc, comme nous l'avons dit, que l'impôt soit librement voté par la nation ou par ses représentans (Déclaration des droits de l'homme, Constitution de 1791). Il faut également qu'il soit réduit à ce qui est réellement utile aux besoins du gouvernement. Sans ces deux conditions, il y a illégalité et abus.

TROISIÈME PARTIE.

DE LA PROPAGATION DE NOTRE ESPÈCE.

Introduction.

Lorsque les hommes ont pourvu à leur liberté et à leur conservation, ce qu'ils ont de plus précieux, c'est la faculté de propager leur espèce. Cette prérogative naturelle pourrait même être considérée comme préférable à toutes les autres, si, avant de s'associer une compagne et de prendre les charges du mariage, il ne fallait bien avoir assuré sa liberté et pourvu à sa subsistance. Ce ne sera point, en effet, dans les pays soumis à un pouvoir tyrannique, que les citoyens seront disposés au mariage : car ils ne trouveront dans ces pays ni sûreté, ni moyens de subsister, pour eux et pour leurs familles.

Bien que la propagation de notre espèce tienne à presque toutes nos libertés, cette faculté a cependant ses principes particuliers, qui dérivent de notre constitution même. Ces principes sont d'abord relatifs à cette faculté, ou plutôt à cet instinct irrésistible, qui nous porte à nous unir à une compagne, pour partager avec elle les peines et les plaisirs de la vie, et pour nous assurer le bonheur de revivre dans nos enfans : ensuite ils tendent à pourvoir à la perpétuation de la société.

Ces deux objets de l'union conjugale ressortent de la nature même, et il ne faut que consulter la simple raison pour trouver les règles qu'il convient d'y appliquer. Car, comme le dit Charron : « Certes, nature en cha- « cun de nous est suffisante et douce maîtresse, et règle « toutes choses, si nous la voulons bien escouter, l'em- « ployer, l'éveiller : et n'est besoin aller quester ail- « leurs, ni mendier de l'art et des sciences les moyens, « les remèdes et les règles, qui nous font besoins : un « chacun de nous, s'il voulait, vivrait, à son aise, du « sien. » (Traité de la sagesse, tome 2, page 88.)

Sans doute la nature est une suffisante et douce maî- tresse, mais il faut la consulter, comme le dit ailleurs notre philosophe, avec un esprit exempt de passions et de préjugés : et alors on trouvera, dans le livre même de la nature, les règles de la société civile. On y verra que nous avons été formés pour vivre avec une com- pagne de notre choix, et au sein de notre famille : que c'est surtout à cette dernière société que nous sommes destinés : que nous sommes fils, époux et pères, avant d'être citoyens : et qu'en suivant la route qu'elle nous trace, nous suivons aussi celle qui conduit au bonheur de la société et au nôtre.

CHAPITRE XXII.

DU MARIAGE.

Un gouvernement qui gêne la faculté de se marier, ressemble aux avares qui, pour se procurer des richesses, se laissent manquer du nécessaire, et nuisent à leur santé qui est le plus grand de tous les biens. Il en est ainsi des monarques qui surchargent leurs sujets d'impôts : pouvant à peine se procurer leur subsistance, ils ne veulent point se charger d'une famille qu'ils craindraient de voir tomber dans une affreuse misère. Ils restent dans le célibat, non par inclination, mais par crainte : semblables, en quelque sorte, aux esclaves des Colonies, qui font périr leurs enfans pour les soustraire à la tyrannie de leurs maîtres. Que ceux qui gouvernent, n'oppriment pas les peuples, ils sauront bien se procurer l'abondance et leur donner une multitude de sujets fidèles.

La liberté tient donc ici à une question de haute politique, puisqu'elle dépend de l'aisance, ou plutôt du bonheur du peuple.

Si les hommes ne devaient suivre que l'instinct des animaux, tout individu d'un sexe pourrait s'unir à une personne d'un autre sexe, sans qu'il existât d'autre empêchement que celui qui résulterait des facultés physiques. Mais nos relations sociales ont singulièrement modifié nos habitudes naturelles, au point que la civilisation nous fait comme une seconde nature, dont nous ne pouvons nous écarter sans contrarier les besoins de l'association politique. Cette modification de nos habitudes tient à la perfectibilité de l'espèce humaine, qui est aussi dans la nature. Ainsi quand nous avons dit que nous ne devions consulter que nos besoins naturels, pour établir les règles de l'association conjugale, nous n'avons pas entendu que l'homme civilisé, tel que nous le voyons, dût se reporter aux habitudes de l'homme dans l'état de simple nature. L'homme de nos jours est entièrement sorti de sa simplicité originaire : il ne pourrait même vivre à la manière des patriarches qui étaient des chefs de pasteurs. La terre ne serait point assez vaste pour produire, sans culture, ce qui est utile à des nations nombreuses. Les arts devaient donc se perfectionner, à mesure de la multiplication de l'espèce humaine : de là l'origine des villes et des autres réunions d'hommes : de là des habitudes plus sédentaires et des mœurs différentes. Chez les peuples chasseurs ou pasteurs, les hommes sont presque toujours éloignés des femmes : chez eux, l'amour n'est qu'un besoin des sens, tandis que chez les nations policées, il tient le plus souvent à l'exaltation de l'esprit. Ici la galanterie, qui naît de la fréquentation des deux sexes, a singulièrement modifié l'amour lui-même : au point qu'il n'est presque plus dans la nature : d'où il résulte une multitude de désordres qu'il est urgent de prévenir ou de réprimer.

Voilà les motifs des entraves mises à certains mariages.

Toutes les nations s'accordent à condamner l'union

des parens avec leurs enfans, et elles la voient même
avec horreur. L'amour paternel est un sentiment si pur,
qu'il ne peut admettre d'autre affection dans le cœur
des parens. « Le mariage du fils avec la mère confond
« l'état des choses : le fils doit un respect sans bornes à
« sa mère : la femme doit un respect sans bornes à son
« mari : le mariage d'une mère avec son fils renverse-
« rait, dans l'un et l'autre, l'état naturel. » (Montesquieu, Liv. XXIV, chap. XIV).

La même réprobation s'étend sur le mariage des
frères et sœurs : l'amitié qui les unit est si grande,
qu'elle doit éteindre le pouvoir des sens. N'ayant aucun
espoir de satisfaire leurs désirs sans crime, ils appren-
nent, dès leur enfance, à les réprimer, et leurs mœurs
en sont plus pures. Ces défenses, d'ailleurs, ne gênent
guères les mariages, puisqu'elles ne sont établies
qu'entre des individus peu disposés à s'unir, et elles
tendent à établir la sécurité des familles qui, sans cela,
seraient exposées aux plus grands scandales. Elles sont
favorables aussi au croisement des races, qui tend à la
perpétuation et à la perfection de l'espèce humaine.

Cependant, nous raisonnons ici d'après nos mœurs
européennes : mais chez d'autres peuples il peut y avoir
des mœurs et des habitudes contraires, sans que les
droits des citoyens en soient aucunement blessés. Dans
l'Orient, par exemple, où les femmes sont toujours sé-
parées des hommes, l'union des frères et sœurs aurait
beaucoup moins d'inconvéniens : et, comme elle ne
répugne point à la nature, elle pourrait y être auto-
risée. C'est ce qui avait lieu chez les anciens Guèbres
qui suivaient les préceptes de Zoroastre, et qui étaient
cités dans l'antiquité pour la pureté de leurs mœurs.
« A Athènes, on pouvait épouser sa sœur consanguine,
« et à Lacédémone, sa sœur utérine : à Alexandrie, on

« pouvait épouser l'une et l'autre. » (Esprit des lois,
Liv. V, chap. 5.)

Il faut donc ici reconnaître, avec Solon, que les lois
doivent se prêter aux habitudes et à la religion des peuples. Je n'ai pas fait les meilleures lois possibles, disait-
il, mais les meilleures que les Athéniens pussent avoir.

Ainsi le mariage des frères et sœurs doit être prohibé
chez les peuples qui ont nos mœurs, mais il peut
être permis chez les nations, où les hommes ne vivent
point ordinairement dans la société des femmes.

C'est également avec raison qu'il est défendu entre
l'oncle et la nièce, la tante et le neveu. Il ne convient
point, en effet, de tolérer de tendres sentimens chez
ceux qui ne doivent avoir que de l'amitié et du respect.
Cependant les circonstances peuvent rendre leur mariage nécessaire, lorsque l'intimité, qui existe déjà
entre eux, est un objet de scandale public, encore plus
contraire aux bonnes mœurs que leur union. Mais il
n'est pas permis au gouvernement de spéculer sur ce
scandale, en vendant des dispenses pour autoriser ces
mariages. Car si elles sont nécessaires pour réparer un
désordre, elles ne doivent pas être refusées, et ce n'est
point l'argent qu'on donne, qui peut rendre ces unions
légitimes. Mais c'est ainsi que l'esprit de fiscalité se met
à la place de l'intérêt public, et qu'on fait un objet de
spéculation d'une action défendue par la loi.

Quant aux empêchemens qui proviennent de l'autorité des parens, ils sont justes et salutaires; mais ils ne
doivent atteindre les enfans que pendant l'âge auquel
ils n'ont pas assez de raison ou d'expérience pour discerner ce qui leur est le plus avantageux, et pour résister à l'entraînement des passions.

Tels sont, à peu près, les seuls empêchemens que
l'on met ordinairement aux mariages. Il ne serait pas

juste qu'ils fussent gênés sous le rapport de la religion, et les lois qui établiraient qu'il n'y aurait de légitimes que les mariages qui auraient été célébrés avec la solemnité d'un culte dominant, seraient tyranniques, car elles blesseraient les citoyens, sous le rapport du mariage et sous celui de la religion.

La déclaration du 5 juin 1635, défend à toutes personnes de consentir, sans la permission du roi, que leurs enfans, ou ceux dont ils sont tuteurs ou curateurs, se marient en pays étrangers, et ce, à peine de galères perpétuelles. Cette loi était évidemment absurde et cruelle: la puissance souveraine ne pouvant empêcher un citoyen de jouir d'une faculté qu'il tient de la nature. Si le monarque ne peut empêcher le mariage, il est inutile de lui demander son consentement.

CHAPITRE XXIII.

—

DE L'AUTORITÉ PATERNELLE ET DE L'ÉDUCATION DES ENFANS.

Pour que les parens puissent élever leurs enfans, la nature leur a donné le pouvoir de diriger leurs actions: mais cette autorité est toute d'amitié et de persuasion, et ce n'est que dans des cas bien rares qu'ils peuvent avoir recours à la rigueur. Méconnaissant ces principes, les peuples anciens considéraient les enfans comme la propriété de leurs pères, et ils leur accordaient le droit de les exposer et même de leur donner la mort. Mais leurs mœurs se radoucirent dans la suite, et ils ne permirent plus aux parens que de corriger modérément leurs enfans, sans leur enlever néanmoins le droit de les conserver en tutelle pendant presque toute leur vie.

Les peuples modernes en sont venus à des sentimens plus équitables, ils veulent qu'à tout âge les enfans honorent et respectent leurs parens : mais ils les affranchissent de toute autorité, lorsqu'ils peuvent occuper eux-mêmes un rang dans la société. Convient-il, en effet, que celui qui est capable de diriger ses affaires et d'élever une famille, soit soumis au pouvoir de son père ? Ne voyons nous pas que les animaux sont tout-à-fait indépendans, quand ils peuvent pourvoir à leurs besoins ? Quoi qu'on en puisse dire, la nature est toujours la même.

La raison veut donc que le terme de l'éducation soit aussi celui de l'autorité des parens. Mais la société peut-elle, avant ce terme, leur enlever une partie de cette autorité, a-t-elle le droit de diriger l'éducation des enfans ? On ne peut le croire. Il est certain que, suivant la nature, ce droit appartient aux parens, qui ne peuvent manquer d'y pourvoir, sans manquer à un devoir sacré. Mais le maintien de la société exige-t-il qu'après les soins de la première enfance, la direction lui en soit confiée ? C'est ce qu'on ne croira pas davantage.

Il est vrai que dans quelques républiques fameuses de l'antiquité, les enfans des citoyens étaient élevés en commun, et par les soins des magistrats. Tout le monde connaît la police admirable que Lycurgue avait introduite à Lacédémone. Ce fut, comme le dit Montesquieu, en choquant tous les usages reçus, en confondant toutes les vertus qu'il montra une sagesse admirable.

Mais ces institutions ne conviennent pas à nos peuples modernes. S'il ne s'agissait que de former une classe de citoyens pour la guerre, pour l'indépendance et pour la liberté : si l'on désirait avoir un peuple destiné à conquérir d'autres peuples et à dominer sur une multitude d'esclaves, on devrait sans doute adopter une éducation commune, qui donnerait aux jeunes citoyens des corps endurcis contre toutes les épreuves, et des courages que les revers ne pourraient ébranler. Mais ce ne sont point des Lacédémoniens pour dominer sur des Ilotes et sur leurs voisins, des Romains pour conquérir et asservir l'univers, ni des janissaires ou des mameluks, pour commander à un peuple avili, qu'il s'agit de former : car c'est un bien triste avantage pour une nation, que d'avoir une classe de citoyens élevés tout exprès pour la tyrannie. C'est le bien de tous qu'il faut rechercher, voilà le but de la société : et pour cela il faut en venir à la nature : elle nous dit que les pères doivent élever leurs enfans, et c'est pour eux, tout à la fois, un droit et un devoir. Il en résulte que ce qu'ils doivent faire eux-mêmes, ils ont le droit de le confier à d'autres, soit pour faire élever leurs enfans auprès d'eux, soit ailleurs : car ce droit n'a pas de limites, puisque personne n'a plus d'intérêt, que les parens, à confier leurs enfans à des hommes instruits et vertueux, qui leur inspirent le sentiment de leurs devoirs.

Que deviendraient alors ces corps enseignans, ces universités, ces couvens, ces séminaires, qui ont le monopole de l'éducation ? S'ils pouvaient se soutenir par eux-mêmes, ils jouiraient de la liberté commune ; mais ils n'auraient pas de priviléges, qui sont toujours contraires aux droits des citoyens, puisqu'ils portent atteinte à la liberté. Que ces corps enseignans aient plus de savoir, plus de vertus que des particuliers, et ils auront l'ascendant que donnent toujours la science et la sagesse. Mais que chacun soit libre de confier ses enfans à des maîtres de son choix, sans qu'il soit soumis à aucune charge publique, soit pour lui-même, soit pour l'instituteur qu'il aura choisi. Car si vous me soumettez à quelque impôt, à quelque obligation pour que je puisse faire élever mes enfans, je n'ai plus de liberté qu'à la charge de donner de l'argent : si je n'ai que ce qu'il me faut pour la pension de mon fils, et que je doive y ajouter quelque chose pour le corps qui a le monopole de l'instruction, me voilà dans l'impossibilité d'y subvenir, et je suis contraint de le laisser dans l'ignorance.

Ma position sera bien plus fâcheuse encore, si vous autorisez des établissemens, où l'éducation, loin d'être dirigée vers des connaissances utiles, le sera vers le pédantisme et la superstition. Si vous protégez ces maisons, si vous leur ouvrez les trésors de l'état pour qu'elles y puisent à pleines mains, et si, d'un autre côté, vous fermez celles où mes enfans pourraient trouver une instruction solide, dirigée vers une religion éclairée et vers l'amour du pays, vous m'enlevez alors toute liberté, et encore vous me faites payer ceux en faveur de qui vous me l'ôtez. Ces abus sont intolérables, et il n'y a qu'une entière liberté d'enseignement, qui puisse y remédier.

On objectera que l'éducation des enfans ne peut être confiée à tous ceux qui voudraient s'en charger : qu'il arriverait souvent qu'elle tomberait en des mains incapables et indignes de la confiance publique. Mais on ne doit pas croire que des parens voulussent facilement confier leurs enfans à de tels hommes : et il est évident que les établissemens qu'ils voudraient fonder, s'anéantiraient bientôt d'eux-mêmes. La raison publique finit toujours par s'éclairer, et elle n'accorde pas longtemps sa confiance aux hommes qui en sont indignes.

L'expérience nous prouve, d'ailleurs, que les colléges, qui ont le plus de renommée pour l'excellence de l'éducation qu'ils donnent à leurs élèves, sont des établissemens particuliers, formés sans la participation du gouvernement, et souvent même malgré son influence. Les noms de Sainte-Barbe, de Sorèze et de Pontlevoy, sont connus dans le monde entier. Chez les Grecs et chez les Romains, les universités et les corps enseignans étaient inconnus, et cependant les écoles y jouissaient d'une réputation bien méritée. Ce n'est pas le diplôme des professeurs qui peut ajouter quelque chose à leur mérite, et ces fameux philosophes de l'antiquité, qui n'en avaient pas, formaient néanmoins leurs disciples aux sciences et à la vertu.

Mais dans nos états modernes, nous sommes toujours sous la férule des gouvernans : l'on nous croirait en révolte, si nous n'étions conduits depuis les langes jusqu'au cercueil : et l'on voudrait nommer cela liberté ! cependant nous ne sommes guère plus libres que des soldats sous les armes, qui ne font de mouvemens que ceux qui leur sont commandés.

A quelle fin les gouvernemens veulent-ils diriger l'éducation des enfans ? Avoir le monopole de la science et le déléguer à des instituteurs privilégiés ? Leur premier but est la fiscalité, le second le désir de la domination, et enfin celui de former des sujets plus dociles au joug de l'autorité.

On conçoit que des écoles publiques, qui seraient
instituées dans d'autres vues et uniquement dans l'intérêt de la société, auraient un grand avantage sur celles
que pourraient former les particuliers. Elles seraient
soutenues par des ressources bien plus considérables,
et à portée d'avoir des lumières infiniment plus grandes.
Mais il faudrait pour cela qu'elles fussent plutôt soumises aux administrations locales qu'à l'influence du
gouvernement, qui tend toujours vers la domination et
le privilège.

Cependant les sciences approfondies, et certaines
connaissances spéciales, ne peuvent être enseignées
que dans des cours publics, autorisés et soutenus par
l'état. Mais pour que les chaires fussent toujours accordées au vrai mérite, elles devraient être données au
concours, et sous la direction de l'autorité populaire.
Autrement point de liberté dans la faculté d'enseigner,
et par suite dans celles que doivent avoir les parens de
diriger l'éducation de leurs enfans.

CHAPITRE XXIV.

DU CÉLIBAT.

Le célibat est contraire à la nature, parce que nous
sommes tous destinés à propager notre espèce : il est

nuisible à la société, en lui enlevant des citoyens qui augmenteraient sa prospérité. Il est vrai qu'il n'exclut pas l'idée de propagation : mais comme il ne peut atteindre ce but que par des moyens honteux, et que d'ailleurs le libertinage procure peu d'enfans à l'état, il est encore, sous ce rapport, pernicieux à la société, dont il corrompt toujours les mœurs : car, comme le dit Montesquieu, moins il y a de gens mariés, moins il y a de fidélité dans le mariage, comme lorsqu'il y a plus de voleurs, il y a plus de vols.

Mais la société peut-elle, par ces différens motifs, gêner la faculté de rester dans le célibat, en grevant les célibataires de quelques charges publiques, ou en les privant de certains honneurs qu'elle accorderait aux gens mariés? Cette question présente quelques difficultés, et nous pensons qu'elle ne doit pas être décidée d'une manière absolue. Ainsi qu'il convient de ne gêner personne, relativement à l'état dans lequel il veut vivre, aussi la société peut bien, lorsqu'il s'agit d'accorder des honneurs et même des emplois publics, donner la préférence aux citoyens qui travaillent à sa prospérité, en lui élevant des enfans qui feront la force de l'état.

C'était ainsi qu'à Rome, dans les élections des magistrats, lorsque deux candidats avaient le même nombre de suffrages, on préférait celui qui avait des enfans. Entre les consuls, c'était celui qui était père de famille, qui prenait le premier les faisceaux.

Sous Auguste, les mœurs étant extrêmement relâchées, les principaux citoyens ne voulant plus se soumettre au joug du mariage, et refusant d'élever des enfans pour la république, cet empereur fit rendre des lois sévères contre les célibataires. Ils furent notés d'infamie par les censeurs, et ils supportèrent des contributions assez pesantes. Mais comme ces punitions ne

changeaient rien à la dissolution des mœurs : peu d'entre les citoyens renoncèrent au célibat, cette dépravation tenant à ce que les Romains, à cette époque,
avaient apporté dans leur ville toutes les richesses, et
en même temps tous les vices des autres peuples. Les
proscriptions avaient enlevé les meilleurs citoyens,
dont les biens et les honneurs étaient possédés par de
vils assassins. Il ne pouvait y avoir de frein dans les
mœurs de tels hommes et de ceux qu'ils fréquentaient.
Des lois contre le célibat devenaient dès lors impuis-
santes, pour opérer une réforme qu'une régénération
totale seule aurait pu produire.

Ce n'est donc point le célibat qu'il est le plus urgent
de punir, mais bien la licence des célibataires. Qu'on dé-
ploie une grande sévérité contre leurs desordres, qu'ils
soient poursuivis par les magistrats dans ce qui porte
atteinte à l'ordre public ou à la morale. Que les enfans,
issus de leurs concubines, ne puissent trouver aucune
place dans leurs testamens ; que les hommes oisifs et
dissolus n'obtiennent aucun privilége, ne trouvent aucune ressource sur les fonds de l'état ; que les citoyens
paisibles et industrieux, puissent élever leurs familles
avec securité et dans l'abondance, alors il sera inutile
de rien prescrire contre le célibat. Comme il n'est occasionné que par la corruption et par la misére, sous
un bon gouvernement il y aura peu de misérables et peu
d'hommes dissolus.

Il suffit, d'ailleurs, que quelques individus soient
peu propres ou peu disposés au mariage, pour qu'il
soit injuste de gêner leur liberté à cet égard

CHAPITRE XXV.

De même que la société ne pourrait se perpétuer sans mariages, ainsi le mariage ne pourrait exister sans la fidélité des époux : car il n'est pas un seul homme qui voulut s'y soumettre, s'il n'était persuadé que les enfans qui naîtront de sa femme, et qu'il devra nourrir et élever, lui appartiendront. Il en résulte que l'adultère, qui rompt le lien du mariage, est un délit contre la société qu'il ébranle dans sa base. Les femmes ne pouvant avoir de doute sur la légitimité de leurs enfans, l'adultère du mari a beaucoup moins d'inconvéniens que celui de la femme : mais il est également condamnable, puisque le mariage est basé sur une parfaite égalité entre les époux.

On a prétendu que la fidélité qu'on demande aux époux, est contraire à la liberté naturelle, et que les animaux n'étant pas toujours unis à leurs femelles, on ne doit pas penser que l'homme soit destiné à faire exception à la règle commune. Mais les hommes étant nés pour la société, et l'union momentanée des sexes lui procurant peu d'enfans, il devient dès lors indispensable qu'il existe entre eux un lien plus puissant que celui d'un amour passager. Ce but est atteint par le mariage qui nous procure le bonheur de passer notre vie avec un être sensible à nos peines et à nos plaisirs, et qui nous fait revivre dans des enfans. Voilà ce qui nous porte au mariage, et l'on ne croira pas que les inconvéniens qui y sont attachés, puissent nous priver de notre liberté naturelle.

Ce serait bien vainement que l'on citerait ce qui se pratiquait chez les Lacédémoniens, pour excuser l'adultère. Comme le dit Montesquieu, ces usages choquaient la nature : car une association de cénobites armés, aspirant à une domination absolue, ne peut être citée comme un modèle de civilisation. Lacédémone avait des ilotes qu'elle réduisait à la plus affreuse misère : elle avait subjugué ses voisins qu'elle gouvernait despotiquement, et l'on voudrait la citer pour modèle. Non, ce n'est pas ainsi qu'on doit vouloir la liberté : il la faut pour soi et pour les autres : c'est le vœu de la raison, et c'est aussi celui de la prudence : car un retour de la fortune peut demain nous mettre à la place de ceux que nous tenons aujourd'hui dans les fers : ce qu'on ne peut redouter quand on ne veut dominer sur personne.

Ainsi ce qui convenait à Sparte, guerrière et dominatrice, ne peut convenir à une société paisible, qui cherche le bonheur dans des biens réels, et non dans une injuste domination. Comme cette société ne peut subsister sans le mariage et sans la fidélité des époux, l'adultère est un délit qu'elle doit réprimer. Il importe surtout qu'elle le prévienne, en ne permettant pas que la volonté de ceux qui se marient, soit contrainte. C'est ce qui a lieu aux États-Unis d'Amérique où l'adultère est très rare. Dans ce pays, la plus grande liberté règne dans les mariages, et jamais les parens n'y contrarient les goûts de leurs enfans par des motifs d'intérêt ou d'orgueil. Ils savent bien que chez eux la misère n'est point à redouter, quand on a du courage et qu'on fait produire aisément à la terre ce qui est nécessaire pour nourrir une famille. Aussi, lorsqu'une jeune Américaine désire épouser son amant, elle l'enlève, et le mariage se fait bientôt après. Voilà le préservatif contre les infidélités des époux : il est dans l'amour et dans le goût du travail, d'où naissent les bonnes mœurs et l'abondance.

CHAPITRE XXVI

DU DIVORCE.

« A ne contempler, dans le mariage, que le principe « de son institution, la permanence est son état, la « perpétuité son vœu, l'indivisibilité entre les époux « sa condition naturelle.

« Mais à le considérer dans ses effets, tel que la « marche de la société nous le présente, tous ne répon- « dent pas à la dignité de ce grand contrat : il est des « atteintes qui le brisent, il est des résistances qui en « soulèvent tous les fondemens. »

Tels sont les motifs qui furent développés par l'un des orateurs du tribunal, lorsqu'on proposa la loi sur le divorce.

Ces motifs sont puisés dans la nature même : il n'est pas raisonnable, en effet, de contraindre à toujours vivre ensemble des époux qui ont rompu tous les liens du mariage. Comment pourrait-on penser qu'un mari puisse vivre avec une épouse qui trahit la foi qu'elle lui a jurée, et qui a cherché à faire passer un sang étranger dans sa famille ? Comment se figurer encore qu'une femme voulut jamais vivre avec un époux qui introduit dans sa couche une vile concubine ? De mauvais traitemens, des injures graves, l'infamie des condamnations, l'impuissance physique, peuvent aussi rendre la vie commune insupportable aux époux. Il importe à la société d'empêcher les désordres qu'elle occasionnerait, si elle se prolongeait. Ce but est atteint par la séparation de corps ou par le divorce. Mais ces moyens de faire cesser la cohabitation des époux, ont chacun leurs inconvéniens. La séparation de corps les force à vivre dans un état qui contrarie le vœu de la nature et les besoins de la société, pour laquelle elle peut être souvent un objet de scandale : car le célibat sera presque toujours intolérable pour ceux qui sont accoutumés à vivre dans le mariage.

D'un autre côté, le divorce peut favoriser la légèreté des époux, qui ne s'étant unis quelquefois que pour satisfaire un goût passager, voudraient briser leurs liens aussitôt que la première ivresse est passée : et peut-être même pour former d'autres engagemens qui ont pour eux plus de charmes. L'état des enfans se trouve aussi le plus souvent compromis par le divorce.

Néanmoins, il nous semble préférable à la séparation de corps, parce qu'il contrarie moins la nature et la raison, qui sont toujours les bases de la sagesse.

Mais il appartient à un sage législateur de prendre des moyens pour éviter les abus du divorce et pour

conserver les intérêts des enfans. Car comme le dit
Montesquieu : « Le divorce a ordinairement une
« grande utilité politique : et, quant à l'utilité civile, il
« est établi pour le mari et pour la femme, et n'est
« pas toujours favorable aux enfans. »

CHAPITRE XXVII.

DE LA POLYGAMIE.

« A regarder la polygamie en général, indépendam-
« ment des circonstances qui peuvent un peu la faire
« tolérer, elle n'est pas utile au genre humain, ni à
« aucun des deux sexes, soit à celui qui abuse, soit à
« celui dont on abuse. Elle n'est pas non plus utile aux
« enfans : et un de ses grands inconvéniens, est que le
« père et la mère ne peuvent avoir la même affection
« pour leurs enfans. Un père ne peut aimer vingt en-
« fans comme une mère en aime deux. »

Tel est le sentiment de Montesquieu sur la polygamie, et l'on voit qu'il ne lui est pas favorable.

Burlamaqui professe, à peu près, la même opinion;
mais il n'ose point décider si la polygamie est contraire
au droit naturel, et par suite à la civilisation. Malgré
le silence d'un aussi grand maître, nous croyons qu'il

doit exister une égalité parfaite entre les époux : il nous semble que la polygamie est un abus révoltant, ainsi que le despotisme dont elle est la conséquence, et nous remarquons qu'ils existent chez les mêmes nations.

Ce qui doit faire rejeter la polygamie, c'est que l'homme n'est pas doué d'une si grande supériorité sur la femme, qu'il puisse la traiter comme une esclave. La fidélité, qui est une vertu pour la femme, n'est pas un jeu pour le mari. Le mariage ne peut être heureux sans amour ; et le même homme ne peut, à la fois, aimer plusieurs femmes.

On a si bien senti que la polygamie était un état avilissant pour les femmes, que l'on a prétendu que Mahomet leur avait refusé les douceurs du paradis, et que même, d'après ses préceptes, elles n'avaient point d'âmes. Il est vrai que, désirant permettre à ses disciples d'abuser d'un sexe aimable et faible, il a voulu l'humilier aux yeux de ses tyrans. Ce système convenait parfaitement à un conquérant qui voulait fonder une nouvelle secte. Il flattait les passions de ses prosélites, pour les dominer et pour qu'ils fussent les instrumens de son ambition. Mais rien ici n'est conforme à la justice et à la raison. Les femmes ont des âmes aussi bien que les hommes ; et comment n'en auraient-elles point, puisqu'elles sentent plus vivement qu'eux ? Il est vrai qu'elles ont moins de forces physiques et de courage ; mais la beauté, la douceur, et mille autres qualités, les en dédommagent, au point qu'elles apportent dans la société conjugale souvent plus que leurs maris, pour en assurer le bonheur. Et l'on voudrait qu'ils profitassent seuls de tous les avantages ; qu'ils pussent traiter leurs compagnes comme de vils objets destinés uniquement à leurs plaisirs. On voudrait qu'un être aussi sensible, fût réduit à n'avoir qu'une petite place dans le cœur d'un époux, ou plutôt qu'il ne supportât, le plus souvent, que sa brutalité. Car on ne pensera jamais que ces sentimens pleins de charmes, qui font chérir la douce union du mariage, puissent pénétrer dans l'intérieur d'un sérail.

La polygamie ne peut être utile à la propagation : car des hommes, qui s'adonnent à des plaisirs trop vifs et trop multipliés, perdent promptement leurs forces : et, loin d'être utiles à la société, ils ne sont plus qu'un objet méprisable et malheureux.

QUATRIÈME PARTIE.

DE L'ÉGALITÉ

Introduction.

« L'égalité est fondée sur la constitution de la nature
« humaine, commune à tous les hommes qui naissent,
« croissent, subsistent et meurent de la même ma-
« nière. » (Charron.)

Ces différentes périodes de la vie établissent, il est
vrai, une sorte d'inégalité physique entre les hommes,
en considérant la société dans un temps déterminé : de
telle sorte qu'un homme de trente ans, a toujours plus
de vigueur qu'un vieillard et qu'un enfant. Mais on ne
peut dire que leur condition soit différente, puisqu'ils
subissent le même sort, et qu'il y a dans l'ensemble de
leur existence une égalité parfaite.

En admettant d'ailleurs que les hommes vécussent
dans l'état le plus rapproché de la nature, il existerait
peu de dissemblance entre les individus de différens
âges, à raison de la vigueur que donne aux corps une

vie active et frugale : c'est ce qu'on voit parmi les animaux. Ceux qui sont trop faibles étant défendus par leurs mères, et les plus âgés conservant leur vigueur jusqu'à la mort, ils vivent dans la plus grande égalité.

On doit penser qu'il en serait ainsi des hommes, s'ils pouvaient vivre avec les fruits que la terre produit sans culture. Car on ne peut en douter, c'est la nécessité qui a mené les hommes à l'industrie : l'industrie les a conduits à la civilisation et à l'inégalité qu'on remarque entre eux. Mais cette inégalité doit cesser devant la loi, dans un état bien constitué, de telle sorte que la civilisation remédie à l'inégalité qu'elle a d'abord produite. En se perfectionnant, elle rapproche les hommes de la nature.

Voyons cependant si l'expérience ne vient point démentir cette observation. Comparons les monumens historiques, et cherchons la vérité dans leur ensemble.

Tous les historiens, qui ont parlé de l'antiquité la plus reculée, disent que les premiers hommes vivaient dans la plus grande égalité. Moïse, dans la Genèse, nous montre nos premiers parens vivant des fruits que la terre produit naturellement, ou du lait de leurs troupeaux, sans autres lois que celles qui étaient gravées dans leur cœur, et sans autre inégalité entre eux que celle qui résultait de la différence de leurs forces physiques.

Les auteurs profanes, qui ont décrit l'âge d'or, nous disent aussi que tous les hommes y étaient absolument égaux : et comment auraient-ils pu avoir le désir de dominer sur leurs frères, n'ayant besoin de rien pour atteindre au bonheur.

Si nous passons de ces monumens antiques à l'histoire de l'Amérique, au moment de sa découverte, nous y verrons les habitans de plusieurs de ces contrées, vivant dans la plus grande indépendance, sans aucune idée de lois et de gouvernemens, suivant le seul instinct de la nature, et pourvoyant, sans peine, à leurs besoins avec les fruits et les autres productions naturelles. Ces peuples ne pouvaient connaître l'inégalité des conditions, des honneurs, des fortunes: il n'y avait ni rangs, ni dignités, ni richesses. Une grotte, une cabane, et quelques objets grossiers, suffisaient à leur bonheur. Comment auraient-ils désiré être inégaux, puisqu'ils étaient tous heureux.

C'est ainsi, n'en doutons pas, qu'étaient les hommes avant qu'on eut abusé de la civilisation: et c'est ce qui a fait dire à J.-J. Rousseau, qu'il eût mieux valu qu'ils n'eussent point été civilisés. Mais la population devait s'accroître: les productions naturelles ne pouvaient toujours suffire à ses besoins, il fallut avoir recours à l'industrie, aux arts: de là, la nécessité de régler la propriété, d'établir des lois et un gouvernement. Les plus industrieux, ou les plus rusés, parvinrent bientôt à s'emparer des biens de leurs voisins: de là, les richesses. Les magistrats, qui n'avaient été nommés que pour un temps, se perpétuèrent dans leurs fonctions: les chefs, à qui l'on n'avait donné de pouvoir que pour la guerre, conservèrent dans la paix, et devinrent des monarques.

Telle fut l'origine de l'inégalité parmi les hommes: c'est la civilisation qui a causé ses abus, mais son perfectionnement peut y remédier, et rétablir une sorte d'égalité, non pas en détruisant les dignités, les honneurs et les richesses, mais en donnant à chacun la faculté de les obtenir, et en conservant à tous la liberté de leurs personnes. Tel est le problème que la civilisation moderne tend à résoudre: son but est de ramener les hommes à l'égalité par la philosophie. Pour l'atteindre, la société ne doit accorder que les distinctions qui lui sont utiles: tous les citoyens doivent pouvoir y parvenir, sans qu'il leur soit permis de s'y perpétuer ainsi que leurs familles : elles ne doivent être accordées qu'au vrai mérite, ou du moins qu'aux citoyens qui ont la confiance publique.

CHAPITRE XXVIII.

DE LA FACULTÉ DE PARTICIPER A LA DIRECTION DES AFFAIRES PUBLIQUES, ET DU DROIT DE SUFFRAGE.

Tous les hommes étant égaux, chacun a le droit d'être consulté sur les affaires communes. Sans ce concours de tous les membres de la cité, il ne peut y avoir de gouvernement régulièrement constitué : et le silence des citoyens, qui se soumettent à un pouvoir illégalement établi, ne peut jamais le légitimer. Ils ne renoncent point ainsi à leur droit, qui se trouve seulement suspendu, et ils peuvent toujours l'exercer, lorsqu'ils recouvrent leur liberté.

Dans un état de peu d'étendue, le peuple peut lui-même exercer tous ses pouvoirs : il peut être législateur et juge, et faire aussi quelques actes du pouvoir exécutif. Mais, chez une nation populeuse, les citoyens sont forcés de déléguer à des représentans l'exercice de leur droit de souveraineté.

Dans les anciennes républiques de la Grèce, qui.

pour la plupart, étaient resserrées dans l'enceinte d'une ville, le peuple y était également forcé de nommer des magistrats, auxquels il déférait une portion de ses prérogatives : et, lorsque le territoire de la république devenait trop étendu, les citoyens négligeant les affaires publiques, l'état était bientôt soumis au despotisme.

La liberté dont jouissaient les peuples de l'antiquité, est d'ailleurs peu désirable : car, pendant qu'ils s'occupaient des intérêts de la patrie, ils avaient des esclaves qui cultivaient leurs terres et qui pourvoyaient à leurs besoins. S'ils eussent été forcés de s'adonner au travail, on ne les aurait pas vu, presque tous les jours, sur la place publique, écouter leurs orateurs, et rendre des jugemens. Ils étaient libres, mais iis avaient des ilotes, et ils achetaient bien cher leur liberté, si toutefois l'on peut dire qu'une nation est libre, lorsque plus de la moitié des hommes, qui habitent son territoire, est dans l'état le plus avilissant. Les sociétés modernes ne veulent point de cette liberté : elle leur fait horreur. Tous les citoyens n'y sont point appelés à y faire des lois, à y rendre la justice, à déclarer la paix ou la guerre : mais ils nomment des délégués qui font tous ces actes. « Comme « dans un état libre, tout homme qui est censé avoir « une âme libre, doit être gouverné par lui-même : il « faudrait que le peuple en corps eût la puissance lé- « gislative : mais comme cela est impossible dans les « grands états, et est sujet à beaucoup d'inconvéniens « dans les petits, il faut que le peuple fasse, par ses re- « présentans, tout ce qu'il ne peut faire par lui-même. « (Montesquieu.) »

Cependant les citoyens ne renoncent point ainsi à leur liberté naturelle, puisqu'ils ne donnent que le pouvoir de faire, en leur nom, ce qui est utile pour en assurer l'exercice et le développement.

Mais quels sont les droits des citoyens, relativement aux élections? Pourront-ils tous y concourir? Sans doute, ils ont ce droit: et la manière seule de l'exercer peut être modifiée, selon les besoins de la société et l'état de civilisation dans lequel elle se trouve.

Toutefois on ne peut accorder l'exercice des droits politiques à tous les individus qui forment une nation: et l'on ne peut considérer comme citoyens d'un état, que ceux qui, étant nés dans le pays, y contribuent aux charges publiques, et qui peuvent librement manifester leur volonté. Ainsi les étrangers, les femmes, les mineurs, les domestiques, ne peuvent exercer le droit de suffrage. Les étrangers peuvent cependant l'acquérir par la naturalisation.

Vainement prétendrait-on que tous les citoyens ne sont pas assez éclairés pour concourir aux élections, puisqu'ils peuvent toujours choisir des mandataires, qui feront, en leur nom, les actes qui sont au-dessus de leur intelligence.

On conçoit que le dernier citoyen d'une commune rurale ne pourra pas discerner les qualités qui conviennent à un législateur, à un juge près un tribunal supérieur, à l'administrateur d'une province: mais il pourra choisir un conseiller municipal, un maire, et même un juge de paix: il pourra également choisir un électeur supérieur, qui ira voter pour lui dans les assemblées électorales, où il ne peut se présenter. De cette manière, les électeurs qui devront nommer les législateurs et les hauts fonctionnaires de l'état, ne seront pas trop nombreux pour être réunis dans la même assemblée: ils pourront être suffisamment éclairés, et les élections seront toujours dans le sens de la volonté générale.

Mais si les électeurs sont choisis dans une classe particulière de citoyens, il y a privilége et injustice : car cette préférence choque l'égalité. Si vous décidez que ceux qui paient deux cents francs d'impositions, ou un autre cens déterminé, seront électeurs, et que vous rejettiez les citoyens à qui leur position aura nécessairement procuré plus de lumières, vous faites une loi ridicule et injuste. Pourquoi excluez-vous des élections ce médecin, cet avocat, cet homme de lettres, qui ne paient pas deux cents francs, pour admettre ce propriétaire, ce marchand, qui sont dans la plus crasse ignorance ? Voilà une absurdité révoltante. Si vous voulez des électeurs supérieurs, faites-les nommer par leurs concitoyens, et rétablissez ainsi l'égalité.

Cependant on ne doit employer deux degrés d'élections, qu'autant que tous les citoyens ne peuvent pas concourir directement au choix de leurs représentans : ce qui est encore plus conforme à la justice.

CHAPITRE XXIX.

DU POUVOIR CONSTITUANT ET DU CORPS LÉGISLATIF.

On nomme constitution la loi ou l'ensemble des lois, qui règlent l'exercice des différens pouvoirs de l'état Ces lois sont les actes les plus importans de la souveraineté nationale , puisqu'ils décident presque toujours du bonheur de la nation.

La première qualité d'une loi constitutionnelle , c'est qu'elle soit bien réellement l'expression de la volonté nationale : car l'on ne peut lui donner le nom de constitution , si elle n'émane pas d'une assemblée populaire , régulièrement élue pour cet objet.

Rien n'est plus ridicule que la prétention qu'ont eue quelques monarques , de concéder des chartes constitutionnelles à leurs peuples , comme si le pouvoir des rois pouvait avoir d'autre origine que la volonté des citoyens.

Heureusement nous n'en sommes plus à avoir besoin de réfuter les maximes du droit divin et les prétentions absurdes , par suite desquelles on viole , depuis si longtemps , les droits du genre humain.

La constitution doit donc être faite par une assemblée nationale, ainsi que l'ont pratiqué les États-Unis et les autres nations de l'Amérique. On est bien forcé maintenant de reconnaître ce principe ; mais on en élude l'application par les difficultés que l'on trouve à changer l'ordre de choses établi chez les autres peuples, à raison des malheurs qu'entraînent toujours les révolutions: et, pour qu'un peuple, qui est privé de sa liberté, puisse la recouvrer, il faut un concours de circonstances heureuses, qui se rencontrent bien difficilement.

C'est en vain que l'Angleterre a détruit l'édifice de son vieux gouvernement féodal et monarchique : elle a passé tour à tour de l'anarchie au despotisme, et elle n'a encore pu voir s'établir chez elle un gouvernement vraiment représentatif.

Une bonne constitution ne peut être décrétée que pendant le calme de la paix. Mais quel sera le gouvernement qui, étant investi de l'autorité suprême, voudra

s'en dépouiller pour la remettre au peuple qui pourra
la lui enlever. Ce n'est donc qu'après une commotion
politique, et lorsque les principes du droit public sont
généralement répandus, qu'une nation peut espérer de
reconquérir l'exercice de sa souveraineté. Les hommes
qui, dans ces momens de crise, se trouvent à la tête des
pouvoirs de l'état, sont entraînés par l'opinion publique, et se trouvent contraints à convoquer une assemblée nationale, afin qu'elle satisfasse aux vœux du
peuple.

Cette réunion peut avoir lieu de la même manière
que celle du corps législatif ordinaire. Les mêmes électeurs doivent y concourir, soit par deux degrés d'élections, soit par un seul, si la possibilité en a été re-
connue.

S'il arrivait, comme on peut s'y attendre, que les
premières élections ne fussent pas parfaitement régulières, elles le deviendraient dans la suite, à l'aide même
de la constitution, qui doit établir le mode d'élection
des membres de la convention nationale.

Ce serait un vice capital dans une constitution, si elle
ne contenait pas les moyens de la réformer : car si la
nation se voyait régie par un mauvais gouvernement,
et qu'elle ne trouvât pas de moyens légaux d'améliorer
sa position, elle serait contrainte d'avoir recours à un
parti extrême, ce qui est toujours déplorable.

La constitution doit donc tendre à s'améliorer, comme
elle doit améliorer le sort du peuple. Elle doit changer
avec les mœurs et les besoins de la nation : elle doit
donner les moyens de faire ces modifications, et fixer
une époque périodique, après laquelle elle sera révisée
et modifiée, si la nécessité s'en fait ressentir.

De cette manière les révolutions deviendraient presque impossibles : parce que le peuple, espérant qu'on

portera remède à ses souffrances, lors de la révision de la constitution, ne se portera pas à des séditions qui pourraient lui attirer des maux aussi grands que ceux dont il a à se plaindre.

On ne peut indiquer, d'une manière précise, les bases de la constitution, puisqu'elle doit être appropriée aux besoins du peuple qu'elle doit régir : mais elle ne peut porter atteinte aux droits des citoyens : et quand les Anglais viennent nous dire que leur parlement peut tout, si ce n'est changer un homme en femme, ils avancent un principe éminemment faux. Car les chambres anglaises, qui ne sont établies que pour voter des subsides et pour faire des lois ordinaires, ne peuvent rien changer à la constitution, qui détermine les prérogatives du pouvoir législatif comme celles des autres corps de l'état. Autrement elles pourraient se faire la loi à elles-mêmes, étendre leurs attributions selon leur bon plaisir, et usurper ainsi un pouvoir despotique, comme on l'a vu du temps du long parlement.

C'est ainsi qu'en France, la convention nationale s'est livrée à la plus affreuse tyrannie. Elle n'avait de mission que pour faire une constitution populaire, et elle a absorbé tous les pouvoirs de l'état. Se transformant en tribunal révolutionnaire, on l'a vu envoyer Louis XVI à l'échafaud, dresser des tables de proscriptions, pendant que ses comités exerçaient la plus effroyable dictature, et elle a fait une multitude de lois ordinaires.

Tels sont les excès auxquels peuvent conduire la confusion et l'abus des pouvoirs.

La constitution, une fois terminée, le corps constituant doit se retirer et laisser agir les divers pouvoirs qu'il vient d'établir. Il ne doit pas plus empiéter sur leurs attributions, que ceux-ci ne peuvent faire ou même modifier la constitution.

Cependant, si le corps législatif reconnaît qu'il est urgent de la réformer, il peut provoquer la réunion de l'assemblée constituante, qui satisfera à cette nécessité. Mais cette résolution du corps législatif doit être prise à une assez forte majorité, pour qu'il soit bien certain qu'elle est dans les intérêts de la nation. Aux États-Unis d'Amérique, pour que la convention nationale puisse être convoquée, il faut que les deux tiers des membres du corps législatif aient exprimé ce désir pendant deux législatures successives.

Voter les subsides, faire des lois civiles, décréter la paix et la guerre, et surveiller le pouvoir exécutif, telles sont, en général, les attributions du corps législatif. La constitution ne peut les étendre, sans danger de lui confier un pouvoir despotique : et le despotisme d'un corps, qui croit agir au nom et dans les intérêts du peuple, est tout-à-fait intolérable.

Pour que le peuple conserve sa liberté, la constitution doit établir une division exacte entre les divers pouvoirs, sans qu'ils puissent jamais empiéter sur les autres corps de l'état. Car si les corps judiciaires font des lois, même sous la forme de réglemens, comme les anciens parlemens de France : si le corps législatif se transforme en cour de justice, principalement pour venger ses propres offenses, comme le fit la convention, et comme le font encore les chambres anglaises : si le pouvoir exécutif participe à la confection des lois qu'il doit faire exécuter : s'il peut seul faire des traités ruineux pour la nation : si, enfin le corps constituant, qui crée tous les pouvoirs, usurpe leur autorité, et l'exerce despotiquement, il n'y a plus de garantie pour les citoyens, qui se trouvent exposés à tous les abus du despotisme.

« Lorsque dans la même personne, dit Montesquieu,

« ou dans le même corps de magistrature, la puissance
« législative est réunie à la puissance exécutrice, il n'y
« a point de liberté, parce qu'on peut craindre que le
« même monarque, ou le même sénat, ne fasse des lois
« tyranniques, pour les exécuter tyranniquement.

« Il n'y a plus encore de liberté, si la puissance de
« juger n'est pas séparée de la puissance législative et de
« l'exécutrice. Si elle était jointe à la puissance législa-
« tive, le pouvoir sur la vie et la liberté des citoyens,
« serait arbitraire, car le juge serait législateur. Si elle
« était jointe à la puissance exécutrice, le juge pourrait
« avoir la force d'un oppresseur.

« Tout serait perdu, si le même homme, ou le même
« corps des principaux, ou des nobles, ou du peuple,
« exerçaient ces trois pouvoirs : celui de faire des lois,
« celui d'exécuter les résolutions publiques, et celui de
« juger les crimes ou les différens des particuliers. »
(Esprit des lois, tome Iᵉʳ, liv. XI, chap. VI.)

CHAPITRE XXX.

DU POUVOIR EXÉCUTIF.

Il résulte aussi de l'égalité naturelle, que personne
n'a le droit de commander à ses concitoyens sans leur

consentement. Les gouvernans doivent donc être nommés par le peuple, qui leur délégue une partie de sa souveraineté : leur pouvoir ne peut avoir d'autre origine.

« Il se peut qu'un peuple soit contraint d'obéir à un « tyran, mais il ne s'ensuit pas que celui-ci ait le droit « d'exercer son pouvoir tyrannique : car la force ne « constitue pas le droit. » (J.-J. Rousseau.)

Pourrait-on penser, avec Grotius, qu'une nation peut renoncer à sa liberté. « Si un particulier, dit-il, peut « aliéner sa liberté, et se rendre esclave d'un maître, « pourquoi tout un peuple ne pourrait-il pas aliéner la « sienne, et se rendre sujet d'un roi? »

J.-J. Rousseau répond : « Aliéner, c'est donner ou « vendre. Or, un homme qui se fait esclave d'un autre, « ne se donne pas, il se vend tout au moins pour sa sub- « sistance : mais un peuple, pourquoi se vend-il? Bien « loin qu'un roi fournisse à ses sujets leur subsistance, « il ne tire la sienne que d'eux : et, selon Rabelais, un « roi ne vit pas de peu : ses sujets donnent donc leurs « personnes, à condition qu'on prendra aussi leurs « biens? Je ne vois pas ce qu'il leur reste à conserver. »

Voilà dans quelles absurdités l'on tombe, en cherchant à légitimer le despotisme.

Que les chefs de la nation aient le titre de rois, d'empereurs ou de présidens, ils doivent toujours leur autorité au consentement de leurs concitoyens.

Bien qu'on ne connaisse pas de familles assez privilégiées de la nature, pour que tous les membres qui la composent, soient capables d'administrer un royaume, cependant un peuple peut rendre le pouvoir exécutif hereditaire. Mais, dans ce cas, le monarque pouvant être un homme inepte, son pouvoir doit être infiniment restreint : il doit être soumis, dans les circonstances importantes, à l'autorité d'un conseil ou d'un sénat, sans l'avis duquel le monarque ne pourra rien décider.

S'il en était autrement, on verrait le pouvoir tomber entre les mains des favoris ou des courtisannes, et l'état courrait infailliblement à sa ruine.

Toutefois, quel que soit le penchant d'une nation pour la monarchie, elle ne peut confier au monarque un pouvoir absolu : de manière qu'il puisse mettre sa volonté à la place des lois, et disposer arbitrairement de la liberté et des biens des citoyens : elle ne peut avoir cette volonté, car on ne peut supposer que tout un peuple ait perdu la raison. Rien ne pouvant légitimer la servitude des particuliers, rien aussi ne peut autoriser celle des nations, pas même leur consentement.

Ce n'est pas évidemment un maître que la nation se donne, en choisissant le magistrat qui doit exercer le pouvoir exécutif, et les prétentions des monarques absolus, n'ont rien que d'injuste et de ridicule aux yeux de tout homme qui raisonne.

Le pouvoir exécutif, bien qu'il exerce son autorité dans une région très élevée, ne peut cependant rien faire qui porte atteinte à la souveraineté nationale, aux prérogatives des autres pouvoirs de l'état et aux droits des citoyens. Il est institué pour faire exécuter les lois, les jugemens et les autres actes de l'autorité souveraine : il commande la force publique dont il nomme les officiers, ainsi que les premiers fonctionnaires de l'état. Il représente la nation, dans ses rapports, avec les autres peuples : il a le droit de faire grâce, et il donne l'impulsion à la marche de l'administration : il est comme le bras de la nation, qui agit par son organe dans tous les actes du gouvernement. Mais s'il s'attribue le pouvoir de faire des lois, d'établir des impôts, de déclarer la guerre, ou de faire la paix ou des traités, sans con-

sulter les représentans de la nation, ou qu'il parvienne
à corrompre les membres du corps législatif et du sénat,
et à n'avoir pour controler ses actes qu'une vaine re-
présentation nationale, composée de ses agens et de
ses créatures, alors il exerce réellement un pouvoir
despotique, et d'autant plus à craindre, qu'il est couvert par une apparence de légalité.

On ne peut trop le dire, la division des pouvoirs est
la sauve-garde de toutes les libertés : leur confusion
conduit infailliblement au despotisme et aux révolutions.

Mais cette confusion des pouvoirs ne saurait avoir lieu
chez une nation qui connaîtra ses droits, et qui voudra
les exercer : parce qu'elle pourra toujours arrêter les
usurpations du pouvoir exécutif et des autres corps de
l'état. Elle pourra remettre leur autorité dans d'autres
mains, et convoquer même un congrès national, afin
qu'il modifie la constitution, et qu'il établisse un autre
mode de gouvernement, s'il le juge indispensable au
bien public.

Il est bien évident que la nation qui a seule le droit de
choisir le pouvoir exécutif, peut toujours lui retirer son
autorité, lorsqu'il en abuse. Elle doit trouver dans la
constitution les moyens d'exercer ce droit : car, si elle
était contrainte d'avoir recours à une sédition, pour
faire cesser le despotisme qui l'accable, elle serait dans
une alternative qui lui laisserait peu de chances de bonheur : et cependant elle devrait préférer les hasards
d'une révolution à la tyrannie.

CHAPITRE XXXI.

Nous sommes loin de cet heureux temps, où les rois,
assis devant le seuil de leurs modestes palais, y rendaient la justice à leurs sujets, y recevaient des ambas-
sadeurs, et y traitaient les affaires les plus importantes.
Cachés au fond de leurs somptueux appartemens, inac-
cessibles au peuple, ils sont entourés de chambellans,
de ministres, de conseillers d'état et d'une cohue de
valets titrés. On se demande : Comment pourraient-ils
faire le bien, puisqu'ils ne voient rien par eux-mêmes?
Comment pourrait-on leur imputer le mal, puisqu'ils
ne font rien que par l'organe de leurs agens?

De là cette fiction, admise dans les gouvernemens
qu'on nomme représentatifs, que le roi ne peut mal
faire, et que ses ministres sont responsables de tous les
actes du gouvernement.

Le roi ne peut mal faire, il faut en convenir, s'il ne
fait rien. Mais s'il parvient à imposer sa volonté à ses
ministres, ce qui arrivera toujours, lorsqu'il ne sera
pas tout-à-fait incapable, par l'influence que lui don-
nera sa puissance, il ne pourra alors échapper à toute

responsabilité et éviter la haine des citoyens, si son pouvoir devient tyrannique.

Il convient donc, sous ce rapport, que l'autorité du pouvoir exécutif soit très restreinte, afin qu'il ne puisse réellement en abuser.

Ses agens doivent se borner à exécuter les lois et à les faire exécuter. S'ils les violent, il doit y avoir des tribunaux pour les punir : car s'ils peuvent se mettre à couvert derrière l'autorité du monarque, et qu'il n'y ait point de lois pour sévir contre eux, ni d'autorité pour les poursuivre, les citoyens sont à leur merci, et leur liberté est en grand péril, n'ayant d'autre garantie que la modération d'hommes, qui ne se distinguent souvent que par leur impudence.

N'avons-nous pas vu, de nos jours, une princesse livrée à une police infâme et tenue en charte privée, sans que les autorités, qui doivent défendre la liberté des citoyens et faire respecter les lois, aient osé réclamer en sa faveur. Bien plus, ces autorités elles-mêmes se rendaient complices d'un acte digne des temps de barbarie. Et voilà des hommes qui crient à l'anarchie, et qui veulent des lois pour épouvanter les révolutionnaires. Si le pouvoir exécutif donne l'exemple de la violation des lois, peut-il s'étonner de la violence des partis?

Nous l'avons dit : Les citoyens ne peuvent trouver de garantie que dans des fonctionnaires qui sortent de l'élection populaire, et encore doivent-ils être sévèrement punis, s'ils violent les lois et méconnaissent les intérêts de leurs concitoyens.

Quelle doit être l'étendue des pouvoirs, des conseils municipaux et provinciaux? Évidemment, ils ne pourront avoir la même autorité que le corps législatif. Appelés à pourvoir aux besoins de leur communauté, et ces besoins sagement calculés, ne pouvant être très grands, la constitution doit fixer la quotité des impôts qu'ils peuvent établir : elle pourrait même exiger qu'ils les votassent concurremment avec un certain nombre des citoyens les plus imposés.

Ces conseils doivent d'ailleurs avoir la faculté de régler les dépenses de l'association dont i's font partie, ainsi qu'ils le jugent utile aux intérêts de leurs commettans.

L'autorité administrative ne doit point avoir le pouvoir de changer ou de modifier leurs votes : car, en lui accordant ce droit, c'est comme si on l'enlevait aux citoyens. Quoi, dira-t-on, si un conseil municipal prend une résolution ridicule, insensée, l'autorité supérieure ne pourra la modifier ? D'abord, on ne peut supposer qu'une commune choisira, pour veiller à ses intérêts, précisément des citoyens qui mériteraient d'être interdits. Et si les conseils des communes se livraient à quelques écarts, ils seraient moins à redouter que l'arbitraire d'un administrateur supérieur, ces écarts ne pouvant être bien fâcheux, puisqu'ils ne peuvent avoir lieu que dans des limites très restreintes.

CHAPITRE XXXII.

La noblesse, dit Charron, est un titre d'honneur qui distingue du commun des hommes, ceux qui en sont décorés, et les fait jouir de plusieurs priviléges. C'est, en effet, ainsi qu'elle doit être définie : car la noblesse sans priviléges, telle qu'elle existe maintenant en France, n'est qu'un titre frivole qui peut flatter la vanité, mais qui est sans utilité pour l'état comme pour ceux qui en sont revêtus : elle est même pernicieuse à la société, en ce qu'elle entretient la jalousie et la haine entre les citoyens.

Pour que la noblesse atteigne le but de son institution, qui est de soutenir le monarque par son dévoûment et par sa puissance, il faut qu'elle jouisse de certaines prérogatives, qui lui assurent un rang élevé dans la société. Autrement elle est tout-à-fait inutile : car il n'est pas dans la nature, qu'elle se dévoue pour le souverain, sans y être excitée par un intérêt puissant : et comment un corps, dont le propre est de ne rien produire, pourrait-il se soutenir longtemps sans priviléges : ses biens seraient bientôt dissipés dans le faste qui accompagne toujours le désœuvrement et l'orgueil. Il faut donc des priviléges à la noblesse : et, comme ils sont contraires à l'égalité qui est aussi précieuse que la noblesse est vaine, il est bien plus raisonnable qu'il n'y ait pas de noblesse.

Voyons, d'ailleurs, si elle peut être de quelque utilité dans un état? D'abord, il faut distinguer la noblesse personnelle de celle qui est héréditaire. Celle-ci constitue, à proprement parler, l'aristocratie qui établit deux classes de citoyens absolument distinctes, dont l'une commande, et l'autre obéit. Elle détruit tellement l'égalité, que les nobles de naissance ne se croient pas de même nature que les autres citoyens. Plus leur famille est ancienne, et plus ils s'estiment, et cependant moins ils valent : car leur race tend toujours à dégénérer, à raison de la molesse et de l'ignorance où ils sont élevés. Comment pourraient-ils avoir le courage et les vertus de leurs ancêtres, n'ayant besoin ni de talens, ni de valeur, pour conserver leur dignité et leurs rangs. « Que sert, dit Charron, à un aveugle que ses parens « aient eu une bonne vue, et à un bègue l'éloquence de « son aïeul? » Et il ajoute : « Néanmoins, ce sont gens « ordinairement glorieux, altiers, méprisant les autres : « *Contemptor animus, et superbia commune nobilitatis* « *malum.* »

D'ailleurs, la noblesse que les souverains accordent pour récompenser leurs sujets de leurs services, ou de leurs belles actions, loin d'être utile à leur autorité, tourne souvent contre leur pouvoir. C'est ainsi que les nobles, créés par nos premiers rois, s'étaient, dans la suite, emparés de l'autorité souveraine sous les successeurs de Charlemagne. Elle n'est donc pas moins redoutable pour les rois que pour les peuples. Elle ne peut soutenir son luxe qu'aux dépens de la nation, et elle ne peut avoir de pouvoir que celui qu'elle usurpe sur le monarque.

Cependant Montesquieu considère la noblesse comme
nécessaire dans une monarchie, pour être le pouvoir
intermédiaire entre le souverain et le peuple, et servir
de contre-poids à la royauté. « Point de monarque,
« dit-il, point de noblesse ; point de noblesse, point de
« monarque, mais on a un despote. »

Sans doute, il est utile qu'il y ait des pouvoirs qui
modèrent l'autorité du monarque ; mais est-ce bien la
noblesse qui peut atteindre ce but ; cherche-t-elle
même jamais à défendre les droits du peuple ? Loin de
là, elle pèse bien plus sur lui que sur le prince ; comme
on le voit par le régime féodal. Il vaudrait bien mieux
être gouverné par un despote, que d'être soumis à un
seigneur. L'un tyrannise de loin, et ne fait pas toujours
ressentir son pouvoir ; mais le seigneur local exerce une
autorité tracassière qu'on ressent à chaque instant, et
qui est d'autant plus insupportable, qu'elle est restreinte et mesquine. De sorte que tout l'avantage des
peuples, qui ont un monarque entouré d'une noblesse
puissante, c'est d'avoir plusieurs maîtres au lieu d'un seul.
S'ils ont un bon roi, leurs nobles seront sans doute mé-
chans, et ils ne pourront point échapper à la tyrannie.

On ne voit donc pas que la noblesse héréditaire
puisse balancer le pouvoir du monarque en faveur du
peuple. Elle peut, il est vrai, lui enlever une partie de
son autorité, mais c'est pour se l'approprier, et pour la
retourner contre les citoyens.

N'est-ce pas plutôt du peuple que doivent sortir les
pouvoirs intermédiaires, qui règlent l'autorité du prince ?
Oui évidemment, puisqu'il ne peut y avoir de pouvoir
légitime que celui qui émane de la volonté générale,
ainsi c'est dans les assemblées des représentans de la
nation, qui font les lois, dans une magistrature indépendante qui les applique, que doivent exister les pou-

voirs qui limitent et surveillent l'autorité du monarque, ou du pouvoir exécutif. La noblesse héréditaire, dans nos gouvernemens représentatifs, qui ne reconnaissent aucune inégalité entre les citoyens, est une anomalie choquante et dangereuse.

En serait-il de même de la noblesse personnelle, qui consiste dans des dignités non transmissibles? Comme elle choque moins l'égalité et la raison, et qu'elle se rapproche beaucoup des fonctions publiques, qui honorent ceux qui en sont revêtus, elle peut entrer dans le système du gouvernement représentatif, comme pouvoir modérateur. Un sénat, une chambre des pairs, pourrait atteindre ce but. Ces corps, étant composés des hommes les plus éclairés et les plus sages de la nation, donneraient au gouvernement beaucoup de force et de stabilité. Mais si ces pairs, ces sénateurs, étaient héréditaires, comment pourrait-on espérer que leurs successeurs eussent les mêmes qualités qui les distinguaient? Car, comme l'a très bien dit le général Lafayette, on ne conçoit pas qu'il puisse y avoir des hommes qui naissent législateurs. Il n'y a donc que la noblesse, ou plutôt que les distinctions personnelles, qui puissent convenir à un gouvernement qui respecte l'égalité des citoyens.

Voici ce que Charron dit de la noblesse personnelle : « Elle est propre à son possesseur, elle est toujours en « sujet digne et utile à autrui. Encore peut-on dire qu'elle « est plus ancienne et plus rare que la naturelle : car « c'est par elle que la naturelle a commencé, et, en un « mot, c'est la vraie en bons et utiles effets, et non en « songes et imagination vaine et inutile, et provient de « l'esprit, et non du sang qui n'est pas autre aux nobles « qu'aux autres. *Quis generosus? Ad virtutem à naturâ* « *bene compositus, animus facit nobilem, cui ex quâcum-*

« *que conditione supra fortunam licet surgere.* » Oui,
sans doute, la vraie noblesse est dans la vertu, l'autre
n'est rien.

CHAPITRE XXXIII.

DE L'ÉGALITÉ RELATIVEMENT A L'EXERCICE DES DIFFÉRENTES PROFESSIONS.

J.-J. Rousseau prétend que si nous étions restés dans
l'état de simple nature, nous n'aurions pas eu besoin de
nous livrer au travail et à l'industrie. Mais pouvions-
nous ne pas perfectionner notre existence, étant doués
de perfectibilité et destinés à la civilisation ?

On doit donc penser que l'industrie est naturelle à
l'homme : et comment pourrait-on en douter, puisque
nous voyons des animaux qui l'exercent avec une rare
intelligence ? Qui ne connaît les travaux admirables des
castors, des fourmis, des abeilles ? Ces animaux ne vivent, il est vrai, que de productions naturelles : mais
elles leur seraient insuffisantes, s'ils ne trouvaient les
moyens de les conserver et de leur faire subir différentes préparations, qui les rendent plus convenables à
leur nourriture.

Leurs travaux n'approchent pas, sans doute, de ceux

que l'homme exécute : mais nous ne faisons , comme eux, que préparer, arranger, modifier différens objets que nous trouvons dans la nature. Nous ne pouvons rien créer, et nos travaux, bien que supérieurs, peuvent toujours, sous ce rapport, être comparés à ceux des animaux.

Ce point une fois établi, malgré l'opinion de J.-J. Rousseau, que l'homme est né pour le travail, et non pour la paresse, comment pourrait-on penser que tous les hommes n'ont pas un droit égal à exercer librement leur industrie, puisqu'ils sont tous égaux ?

Cependant on rencontre souvent dans la société des professions privilégiées : médecins, procureurs, maîtres d'école, charlatans, marchands de tabac, tous exploitent un privilége plus ou moins étendu, mais toujours contraire à l'égalité naturelle. Encore sommes-nous revenus maintenant en France à des usages assez raisonnables , si on les compare à ce qui se pratiquait du temps des maîtrises et des jurandes : rien ne se faisait alors qu'au moyen de lettres patentes : pour se faire friser, il fallait avoir recours à un homme privilégié.

On dira, sans doute, qu'en facilitant l'exercice des professions scientifiques et industrielles , on diminuera le nombre des cultivateurs, et qu'on fermera ainsi la source de la prospérité publique. Mais il est évident que, si certains artisans sont trop nombreux, ils manquent d'ouvrage, et laissent bientôt leur profession pour en prendre une autre. Croit-on, d'ailleurs, que les jeunes gens ne prendront pas, de préférence, le genre d'industrie qui sera le plus avantageux ? Et si l'agriculture procure aux cultivateurs une existence honorable et facile, elle ne manquera jamais de bras.

Pourquoi les cultivateurs veulent-ils donner à leurs enfans une autre profession que celle qu'ils exercent ?

C'est que la leur n'est point suffisamment encouragée : que les impôts l'accablent, et que les objets de luxe sont recherchés et payés en raison de leur inutilité.

Pour faire cesser cet état de choses vraiment ruineux pour l'état, il faut faire refluer vers la culture des terres les capitaux qui se portent vers les arts corrupteurs des villes. Qu'on réduise, le plus qu'il sera possible, les salaires des fonctionnaires publics, qui travaillent d'autant moins qu'ils sont plus payés : qu'on remette aux communes la direction de leurs affaires : qu'on y attire les propriétaires qui pourront y exercer des fonctions honorables et utiles, et bientôt on verra les sciences et les arts se porter vers l'industrie agricole, qui produira facilement tous les objets de première utilité, et procurera aux campagnes, ainsi qu'aux villes, un véritable bien-être, qui naît toujours de l'abondance de ce qui est réellement utile à la vie.

Cet heureux résultat viendra d'une égale protection donnée aux divers genres d'industrie ; car si vous attirez les citoyens dans les villes, en leur y donnant des fonctions largement rétribuées : et si vous accablez les cultivateurs d'impôts, vous favorisez le luxe et ceux qu'il occupe.

Quant aux professions privilégiées qu'on exerce au moyen d'un diplôme, pourquoi ne les rendrait-on pas tout-à-fait libres ? Mais alors il faudrait que les écoles fussent gratuites, ou absolument indépendantes du gouvernement. A Rome et dans la Grèce, les avocats, les médecins, n'avaient point de diplôme, et cependant on parle encore de Cicéron, de Démosthène, de Gallien et d'Hyppocrate. Les procureurs patentés y étaient également inconnus, et cependant on y rendait la justice aussi bien que parmi nous.

Quant aux maîtres d'écoles, aux charlatans et à

beaucoup d'autres, il est aisé de voir combien leurs priviléges sont abusifs.

~~~~~~

CHAPITRE XXXIV.

DE L'ÉGALITÉ DEVANT LES TRIBUNAUX, DE LA JUSTICE CIVILE ET DU JURY.

Les anciens représentaient la justice avec un bandeau sur les yeux et des balances à la main, voulant faire entendre qu'elle rend ses arrêts en pesant les droits des parties, et sans considérer leurs personnes.

En effet, c'est ainsi que les juges doivent exercer leurs fonctions. Mais pour qu'ils accomplissent leurs devoirs, il convient qu'ils soient dans une position tellement indépendante, qu'ils puissent juger, sans crainte et avec une égale impartialité, même les hommes les plus puissans. Car si ceux-ci pouvaient leur faire craindre la perte de leur emploi, ils seraient tentés de faire pencher la balance en leur faveur.

Les magistrats trouvent l'indépendance, qui leur est nécessaire, dans la certitude qu'ils ne peuvent être privés de leur office, et qu'ils jouiront toujours d'une existence honorable. Il convient aussi que leur nomination soit soumise à la direction de la volonté générale:
~~~~~~

car si un magistrat doit son emploi à la majorité de ses concitoyens, comme il ne peut être partial pour le plus grand nombre, et qu'il ne connaît pas, au juste, les citoyens qui lui ont donné leurs voix, il juge avec l'impartialité qui convient à son ministère.

Cependant, les élections étant quelquefois dirigées par des hommes influens, on pourrait craindre que quelques magistrats, élus par le peuple, ne fussent disposés à juger en faveur de leurs patrons. Mais il est difficile de penser que des hommes, assez injustes pour chercher à influencer leurs juges, eussent le crédit nécessaire pour diriger les élections : et, s'ils sont vertueux et probes, on ne doit pas craindre leur influence.

Croira-t-on bien, d'ailleurs, qu'une réunion nombreuse de citoyens, qui ne sont pas soumis à l'impression des passions politiques, pourra facilement choisir pour magistrat un intrigant, dont les principes d'équité seront douteux, plutôt qu'un citoyen, dont la probité et les lumières seront certaines? Qu'on fasse bien attention, qu'ici les élections ne portent point sur un objet qui puisse émouvoir les passions et aveugler les électeurs, mais bien sur le besoin de la justice, qui est ressenti par les hommes de toutes les opinions.

Il faut donc dire, avec Montesquieu, que c'est surtout dans le choix des magistrats qu'il faut consulter la volonté du peuple : car il n'a besoin, dans cette occasion, que d'apprécier des choses qui ne peuvent lui échapper. Si un homme est juste, ses ennemis même sont forcés d'en convenir : et, s'il joint à cela de la prudence et de la capacité, tout le monde reconnaîtra qu'il convient pour être juge.

Toutefois, il est certain que, dans un état où le gouvernement est soumis à l'action de la volonté générale, le choix des magistrats se ressent toujours de la popularité des ministres. Mais ceux-ci, qui habitent la capitale, ne sont point à même de les choisir dans les provinces éloignées, il faut qu'ils s'en rapportent à leurs agens, qui sont très souvent disposés à les tromper : aussi le choix des magistrats, fait par le peuple, doit avoir la préférence.

Pour que rien ne choquât l'égalité, relativement à l'exercice de la justice, il faudrait que chaque citoyen pût être, à son tour, juge et partie : mais il n'en peut être ainsi, maintenant, à raison de l'introduction dans la société des arts et de l'industrie, qui nous ont créé une foule de besoins d'abord inconnus. Les terres qui, dans l'origine, étaient communes, ayant été divisées, leur propriété ainsi que leurs produits, ont éprouvé une infinité de modifications, et sont tombés dans le commerce : de manière que les intérêts des citoyens se sont compliqués à l'infini, et ont nécessité une multitude de lois pour les régler. Il en résulte que tous les citoyens ne peuvent connaître les lois et leur application aux différentes questions, que cette infinité d'intérêts fait naître. De là les jurisconsultes, qui font une étude spéciale de la législation. Il n'y a qu'eux qui puissent décider les différentes contestations qui s'élèvent entre les citoyens, et l'on est forcé de prendre parmi eux les magistrats, sous peine d'avoir des juges incapables d'exercer leur ministère.

Voilà pourquoi les tribunaux sont presque partout composés de magistrats, en titre d'office, dont l'unique profession est de juger. Il est vrai qu'en Angleterre les jurés sont souvent appelés, dans les causes civiles, à s'expliquer sur les faits : mais comme l'observe très bien M. Collinières : « Cette forme de procéder paraît « présenter des inconvéniens : d'un côté, il existe « une foule de contestations civiles, sur lesquelles le

« point de fait se lie, d'une manière nécessaire, au
« point de droit : de sorte que l'application d'un prin-
« cipe général doit être souvent modifiée selon les cir-
« constances : d'un autre côté, dans les cas douteux et
« sur les questions de droit, qui présentent des difficul-
« tés sérieuses, on trouve moins de garanties dans
« l'opinion d'un seul magistrat, que dans la décision
« d'un tribunal composé de plusieurs juges.

« Aussi l'institution du jury civil, qui peut être salu-
« taire dans l'enfance de la civilisation, ne paraît pas
« convenir aux nations, chez lesquelles les lois se sont
« multipliées, à mesure que les relations sociales ont
« acquis elles-mêmes plus d'extension. »

Ces observations sont exactes : mais aussi il faut convenir que l'esprit d'interprétation et de chicane obscur-
cit souvent les lois les plus simples, au point qu'un texte,
qui pourrait être facilement compris par un homme peu
versé dans la jurisprudence, devient tout-à-fait inintel-
ligible, une fois qu'il a été commenté et torturé par les
avocats et par les auteurs. Aussi l'on doit penser qu'il
est possible de perfectionner les lois, de manière que
les jurisconsultes et les commentateurs deviendraient à
peu près inutiles. On pourrait alors établir des jurés
civils, qui, se rapprochant, bien plus que les juges, de
la position des parties, rendraient la justice d'une manière plus équitable, moins dispendieuse, et, en tout,
plus paternelle.

Nous pensons donc encore, sous le rapport de l'administration de la justice, que la civilisation, qui l'a at-
tribuée exclusivement aux jurisconsultes, pourra, dans
la suite, la remettre à tous les citoyens. Car plus l'instruction sera répandue et perfectionnée, moins les lois
seront obscures : plus elles pourront être comprises de
la multitude, plus l'établissement du jury civil deviendra

facile, et plus les citoyens jouiront de l'égalité devant les tribunaux.

Tel est le but où tend toujours le perfectionnement de notre espèce. Il lui reste peu de choses à faire, relativement aux matières criminelles, le jury étant établi dans tous les états qui jouissent d'un gouvernement représentatif. L'on y a reconnu qu'il ne peut y avoir de garantie pour les accusés, que dans les jugemens qui sont rendus par leurs pairs. Des juges, accoutumés à voir paraître devant eux des scélérats, et à leur infliger les peines dues à leurs forfaits, sont toujours disposés à trouver dans leurs justiciables, des hommes qui doivent éprouver la rigueur de leurs décisions : ils se familiarisent avec les condamnations, et le sang ne leur coûte plus rien à répandre.

Il n'en est point ainsi des jurés, qui ne sont appelés que rarement à prononcer sur les actions de leurs concitoyens : accoutumés à vivre avec le commun des hommes, à traiter avec eux, ils peuvent apprécier le mobile de leurs actions : ils connaissent leurs vices et leurs vertus : ils savent qu'il ne faut point les juger sévèrement. Comme ils sont également soumis au même tribunal, ils sont disposés à examiner bien mûrement les actions des accusés, avant de les condamner, parce qu'ils savent que, si on jugeait légèrement leur conduite, on pourrait facilement la trouver criminelle. C'est donc surtout, parce qu'ils ont besoin d'une exacte impartialité pour eux-mêmes, que les jurés jugent ainsi les accusés. Les juges sont moins scrupuleux, parce qu'ils se croient peu soumis à des poursuites inconsidérées, et que réellement ils sont souvent à couvert de celles qui pourraient être justement exercées contre eux.

Tel est le cœur humain : on n'est guère touché du sort des autres, qu'autant qu'on peut en éprouver un semblable. Il serait même à désirer qu'on pût appeler à ces fonctions respectables tous les citoyens sans distinction. Mais il faudrait pour cela que l'instruction fût répandue dans toutes les classes de la société, et qu'en apprenant à raisonner à tous les citoyens, elle eût fait entrer dans tous les cœurs les sentimens d'humanité et de justice. Eh! qu'on ne craigne pas, qu'en faisant descendre le jury dans les derniers rangs, on eut des jurés disposés à favoriser le crime. Ce serait plutôt une trop grande sévérité qu'on aurait à redouter. Car moins on est riche et instruit, plus l'on tient à ce que l'on possède, et moins l'on est indulgent pour les faiblesses humaines.

C'est donc, comme nous l'avons dit, au moyen de l'aisance et de l'industrie, qu'on aura de bons jurés. Plus la civilisation sera perfectionnée, plus ces fonctions seront étendues, et moins l'administration de la justice choquera les principes de l'égalité et de la raison.

CHAPITRE XXXV.

DE L'ÉGALITÉ DANS LA CONTRIBUTION AUX CHARGES PUBLIQUES.

Les avantages sociaux devant être égaux pour tous les citoyens, ils doivent tous contribuer également aux charges publiques. Si une classe de la société pouvait être exempte de quelques-unes de ces charges, il en résulterait un privilége contraire à l'égalité naturelle, qui doit suivre les hommes dans l'état de civilisation, puisque cet état est aussi dans la nature.

Ainsi les lois féodales, qui imposaient aux roturiers des droits de taille et maintes autres redevances, et qui en exemptaient la noblesse, étaient d'une injustice évidente. En vain voulait-on les motiver sur ce que la noblesse était tenue de dévouer sa vie à la défense du trône et de la patrie : car, sous ce rapport, elle exerçait encore un très grand privilége, puisqu'elle n'entrait au service militaire que dans des grades élevés : et que les roturiers étaient presque toujours soldats, ou végétaient dans des grades inférieurs, lorsqu'ils y étaient appelés par des talens, des services éminens, ou par leur dévoûment à de puissans protecteurs. De telle sorte que la noblesse ne rachetait nullement l'exemption de la taille par le service militaire, puisque, sous ce rapport, elle jouissait encore de grands avantages.

Rien n'est plus juste que l'établissement de l'impôt foncier, par suite duquel chacun paie, à raison de l'étendue des propriétés, dont la société lui assure la jouissance.

Nous avons dit, il est vrai, que le droit de propriété était dans la nature, et que chacun pouvait, d'après ce droit, posséder et cultiver une portion de terre, suffisante pour satisfaire à ses besoins et à ceux de sa famille ; mais nous avons aussi dû reconnaître que l'extention qu'il a reçue, dérive évidemment de la civilisation. Or, il ne peut y avoir de civilisation, dont le propre est de développer toutes nos facultés, et, par suite, nos droits naturels, si l'on n'impose aux citoyens quelques obligations, en retour des avantages qu'elle leur assure : et si un grand propriétaire peut, au moyen de la police et des lois d'une société perfectionnée, posséder une étendue de terrain et des richesses, qui pourraient suffire à plusieurs milliers d'hommes, il doit contribuer aux charges de la société, en proportion des garanties qu'elle lui donne.

Cependant, comme ce n'est pas seulement les propriétés foncières et mobilières que le gouvernement protége, et qu'il veille, avant tout, sur la liberté individuelle, il est juste que les impôts soient également établis sur les personnes, à moins qu'on ne soit forcé d'en exempter quelques citoyens absolument dans l'indigence.

Ces principes ne sont plus violés ouvertement, que dans les pays soumis à un gouvernement despotique, ou tout au moins aristocratique, ou féodal : mais ils le sont souvent par des voies détournées, même dans les pays qui croient jouir d'une grande liberté. Il ne suffit pas, en effet, que tous les citoyens soient également soumis au service militaire, à celui de la garde nationale, au logement des gens de guerre, à la prestation-nature et aux différentes contributions pécuniaires, il faut encore que ces charges ne soient pas imposées aux citoyens, pour tourner à l'avantage d'une classe privilégiée, sans que cette classe soit tenue de rendre à la société des services proportionnés à la rétribution qu'elle lui accorde. Si quelque fonctionnaire public, tout-à-fait inutile, ou qui ne rend que de très minces services à l'état, peut recevoir du trésor des sommes considérables, provenant des sueurs du peuple, et qui auraient pu être employées bien plus utilement à l'agriculture ou au commerce, il en résulte un privilége intolérable en faveur de ce prétendu fonctionnaire : car si je paie mille francs d'impôts, et que je reçoive du trésor un traitement de pareille somme, pour un service que je ne rendrai pas à l'état, je suis dans la même position que si je ne payais pas d'impôts. L'injustice sera bien autrement révoltante, si je ne paie rien à l'état, et que j'en reçoive beaucoup, à raison d'une sinécure. Car alors je suis payé pour n'être absolument bon à rien dans la société.

On peut mettre dans cette catégorie presque tous les grands dignitaires qui entourent les monarques. Les grands écuyers, les grands veneurs, les médecins par quartier, les valets de chambre en titre, les maîtresses, les confesseurs, les grands et petits valets: tous ces individus sont largement rétribués, et cependant ils sont absolument inutiles : à moins qu'on ne considère comme une nécessité, d'avoir dans un état des gens constitués en dignité, tout exprès pour ruiner le peuple et propager les mauvaises mœurs.

Que devrait-on dire d'une nation qui serait assez insensée, pour ne payer mesquinement que ses vrais serviteurs, tandis qu'elle accorderait des pensions énormes à ses plus grands ennemis?

Pour qu'il y ait égalité dans la participation aux charges publiques, il faut qu'il ne soit imposé aux citoyens que les sacrifices qui tournent à l'avantage de la société toute entière. Aucune somme ne doit sortir du trésor national, sans qu'elle soit l'équivalent d'un service rendu et justement évalué : autrement il y a sinécure, privilége, inégalité, injustice évidente.

Ainsi de véritables représentans du peuple, qui seraient à l'assemblée nationale, non pour y faire leurs affaires et celles de leurs amis, devraient, avant de régler les dépenses de l'état, désigner entre eux des économes intègres, qui, passant en revue toutes les branches du service public, depuis la liste civile jusqu'au traitement du dernier commis, retrancheraient toutes les sommes qui ne seraient pas utilement employées. Et qu'on ne dise pas que le gouvernement doit soutenir le luxe par les gros traitemens : car le luxe sera toujours assez protégé par la vanité des particuliers. Mais ce qu'il faut surtout encourager, c'est le travail et l'industrie, qui produit ce qui est utile aux besoins et au bien-être des citoyens.

Les contributions publiques, établies sur ces bases, doivent encore être réparties avec une exacte équité, de manière qu'on n'exige pas d'un citoyen le tiers de son revenu, et d'un autre seulement le dixième. C'est ce qui avait été prévu par l'assemblée constituante, qui avait disposé, dans une de ses lois relatives à l'impôt foncier, que celui qui prouverait qu'il paie plus du cinquième du produit de son bien, pourrait faire réduire sa taxe sur cette proportion. Mais comme les moyens d'obtenir cette réduction étaient difficiles à employer, cette loi est entièrement tombée en désuétude.

On ne pourrait remédier à cette injustice, qu'en soumettant ces réclamations à un tribunal tout-à-fait paternel et indépendant, qui ne baserait pas ses décisions sur le plus ou le moins de régularité de la réclamation des contribuables lésés, mais sur la justice de leurs plaintes.

CINQUIÈME PARTIE.

DES DROITS QUI DÉRIVENT DES FACULTÉS INTELLEC-TUELLES.

Introduction.

Autant l'homme est supérieur à la brute, autant son intelligence l'emporte sur ses facultés physiques. C'est cette prérogative inappréciable qui le rend capable de perfectionner son existence. Elle le porte vers la civilisation, en l'excitant à jouir des plaisirs de l'imagination, qu'il ne peut goûter que parmi ses semblables. Elle tend aussi à le rapprocher de la divinité, qui est le dernier degré de l'intelligence et de la perfection.

Les droits qui découlent de la pensée, sont donc, sans contredit, les plus précieux que nous ayons, nous mettant souvent à même de jouir de tous les autres. Aussi les moyens que les gouvernemens emploient pour nous en priver, sont-ils considérés comme on ne peut plus odieux, ayant pour objet de nous contraindre dans l'exercice d'une faculté qui, quoiqu'ils fassent, échappe toujours à leurs violences. Je me révolte d'autant plus contre le décret qui veut me gêner dans mes opinions, que je pourrai toujours les conserver, et manifester ma pensée : de telle sorte que l'attentat commis, à cet égard, sur ma liberté, me paraît, tout à la fois, un acte de tyrannie et de démence.

C'est donc ici surtout que les citoyens doivent se montrer jaloux de conserver l'exercice de leurs facultés naturelles : ils sont toujours à même d'en apprécier les avantages, et il est bien difficile de leur montrer les limites que la raison a posées à leur exercice. Cependant rien dans la société n'est exempt des abus inséparables de la faible humanité, et l'on doit reconnaître que la manifestation de la pensée peut causer des désordres, que leurs auteurs doivent réparer : car, comme nous l'avons dit, notre droit cesse lorsque nous voulons empiéter sur les droits de nos concitoyens : et c'est dans ce cas seulement que l'exercice de nos facultés doit recevoir des entraves.

CHAPITRE XXXVI.

DE LA LIBERTÉ RELIGIEUSE.

Comme il ne s'agit pas ici du bien-être matériel et appréciable des citoyens, mais du bonheur qu'ils attendent d'un pouvoir surnaturel, d'une félicité qui doit être infinie : comme une action, une pensée, qui paraît indifférente à des hommes insoucians ou inattentifs, peut, aux yeux de quelques autres, les priver d'un bonheur éternel, et les plonger dans des tourmens incalculables, il en résulte qu'aucune entrave ne peut être mise à leur pensée ou à leurs actions, lorsqu'il s'agit de religion. Tout attentat, à ce sujet, doit leur paraître un acte de tyrannie : et, en effet, en gênant leurs idées religieuses, ou l'exercice d'un culte qu'ils célèbrent, sans porter atteinte aux droits de leurs concitoyens, cet attentat est tout-à-fait intolérable.

Qui n'est indigné de l'état d'asservissement, dans lequel sont encore, de nos jours, différens peuples, sous le rapport de la religion ? On a peine à concevoir que dans ce siècle, qu'on dit philosophique, les Irlandais, les Juifs, et bien d'autres sectaires, ne puissent librement exercer leur culte. Et nous-mêmes, en France, n'avons-nous aucune garantie à réclamer à cet égard ? Pour répondre à cette question, voyons quel est l'état des esprits à ce sujet. Car, s'il faut ici respecter toutes les opinions, c'est surtout le sentiment de la majorité qu'il faut satisfaire.

L'esprit philosophique, qui s'est généralement répandu parmi nous, a banni presque entièrement les pratiques de la religion catholique et romaine, et très peu de personnes la professent encore dans un véritable esprit de piété. La masse de ceux qui fréquentent les églises, y est entraînée par l'habitude, par l'ostentation, ou par le besoin de se réunir, qu'éprouvent toujours les individus des deux sexes. Ils vont à la messe, comme ils iraient dans des réunions profanes : et la religion n'est, dans leurs démarches, qu'un objet très accessoire. De manière que la majorité ne professe réellement aucun culte public.

Mais doit-on en conclure que l'esprit religieux soit éteint parmi nous ? Non sans doute. Et comment pourrait-il l'être, puisque la génération actuelle a fait de grands progrès vers la vertu, qu'on peut bien difficilement atteindre, sans élever son âme jusqu'à la divinité, qui a mis en nous la pensée de ce qui est bien et honnête.

L'esprit d'irréligion est très éloigné de nos mœurs : mais aussi la superstition a presque entièrement disparu, et avec elle le fanatisme qui l'accompagne toujours. La tolérance, fille de la philosophie, leur a succédé, et elle règne en souveraine, malgré les hommes de troubles et d'intrigues qui voudraient encore ressaisir leur domination, en égarant des esprits faibles et exaltés.

Voilà le besoin de notre époque : on veut pour chacun une liberté absolue en matière de religion. On repousse avec dédain les moyens que les prêtres emploient pour établir leur pouvoir. Leurs pratiques superstitieuses, leurs amulettes, leurs scapulaires, n'inspirent plus aucune confiance, et ne leur procurent que de très minces ressources.

Cependant il existe encore en France des communes, où presque tous les habitans sont protestans, et qui n'ont d'autres pasteurs qu'un prêtre catholique.

Comment prétendra-t-on que je jouis de la liberté religieuse, si je ne puis rendre hommage à la divinité que d'une manière déterminée par le gouvernement, ou par le pape, qui est un souverain étranger.

Quoi ! lorsqu'il s'agit de quelques besoins matériels d'une commune, lorsqu'on veut y établir une école, un marché, une foire, on consulte le vœu des habitans représentés par leurs délégués : et lorsqu'on voudra leur procurer les secours de la religion et de la morale, lorsqu'on désirera les conduire au bonheur par la vertu, en les mettant à même de s'élever vers la divinité, par un culte public, on n'aura aucun égard à leur volonté? Rien n'est plus injuste.

Disons donc, avec les habitans des États-Unis d'Amérique, que chaque citoyen doit être absolument libre dans ses idées religieuses, et que chaque communauté d'habitans doit avoir la faculté de choisir le culte qui lui convient, sans que le gouvernement de l'état puisse en rien les gêner à cet égard.

CHAPITRE XXXVII.

DE LA LIBERTÉ DE LA PAROLE ET DES RÉUNIONS POLITIQUES.

La faculté de penser serait peu désirable, si l'on n'avait aussi celle de manifester librement sa pensée. C'est évidemment pour en faire usage, à notre gré, que nous avons reçu de la nature les organes de la parole. Elle donne la vie à notre intelligence, nous distingue surtout des animaux, et nous rend éminemment sociables. Si vous enlevez aux citoyens la faculté de parler librement, ils perdront bientôt tous leurs droits, n'ayant plus de moyens pour en réclamer l'exercice, et pour signaler les abus du pouvoir, qui tend toujours

à la domination. Aussi tous les gouvernemens, même
les plus despotiques, semblent-ils respecter cette garantie sociale; et le sultan des Turcs, lui-même, vous
dira qu'il ne veut pas régner sur un peuple de muets et
d'esclaves. Mais ce qu'on ne prétend pas faire ouvertement, on le fait par des moyens qui n'en sont pas moins
tyranniques, bien qu'ils soient détournés. Pourra-t-on
dire que les citoyens ont la faculté d'exprimer leur
pensée, s'ils ne peuvent former de réunions pour s'y
entretenir de leurs intérêts sociaux. S'ils ne peuvent, en
public, s'exprimer sur la marche du gouvernement,
sans se voir en butte à des poursuites rigoureuses et
souvent inconsidérées.

Pour jouir librement de la faculté de la parole, il est
donc nécessaire de pouvoir se réunir avec ses concitoyens, pour leur communiquer sa pensée. Quoi! dira-
t-on, voulez-vous organiser des clubs? Avez-vous donc
oublié 93 et les Jacobins? Non sans doute, et ce sou-
venir nous frappe encore de terreur. Mais la religion
nous semble une institution admirable, et qui peut
mener les hommes à la vertu et au bonheur: et cependant, qui ne pense, avec horreur, à la Saint-Barthé-
lemy, aux dragonnades, aux autodafés, et à toutes les
cruautés dont la religion fut, en tout temps, le prétexte.
Il en est de même de la liberté de la parole et des réunions politiques: on peut en abuser, sans doute: mais
en Angleterre, aux États-Unis et dans tous les pays
libres, ces réunions ont donné naissance à la liberté, et
la soutiennent encore. Croit-on qu'il soit facile d'asservir une nation, qui, comme l'Angleterre, peut former
des associations politiques de plusieurs centaines de
mille hommes? Cependant, dans ces réunions, les citoyens ne doivent avoir d'autre but, que d'exprimer
leur pensée sur les divers intérêts du pays. On ne peut

leur refuser le droit de supplique et d'observation : ils peuvent, sans doute, exposer au gouvernement que sa marche est vicieuse et anti-populaire. Mais ils ne doivent pas tenter d'usurper les pouvoirs constitués par la volonté nationale : car alors il y aurait abus intolérable et anarchie, si une fraction minime de la nation, parfois composée d'hommes turbulens et pervers, pouvait imposer sa volonté à la majorité des citoyens.

C'est de là que naissent les graves inconvéniens de quelques réunions politiques, lorsque, comme les Jacobins, elles ne se bornent pas au droit de pétition et de remontrance, et qu'elles veulent usurper sur les pouvoirs de l'état. Alors leurs écarts doivent être sévèrement réprimés : et si ces associations veulent avoir recours à la violence et à l'insurrection, elles doivent être comprimées, et même dissoutes par la force, qui doit venir au secours du bon ordre.

Mais, de ce que ces abus sont possibles, de ce qu'ils ont occasionné, de nos jours, de graves désordres, cela peut-il priver les citoyens de la liberté de manifester leur pensée, comme ils le jugent convenable à leurs intérêts? C'est donc bien vainement que la police et les bons commerçans de Londres voudraient pouvoir dissiper violemment les réunions politiques, sous le motif qu'elles peuvent exciter des désordres. Ils doivent attendre que ces excès aient commencé, pour pouvoir sévir, car il est possible qu'ils n'aient pas lieu, et que ces rigueurs deviennent inutiles, et, par suite, arbitraires et tyranniques. De ce qu'un citoyen peut abuser de son agilité et de son adresse, pour commettre des larcins, le priveriez-vous de sa liberté, avant qu'il en abuse. Il en est de même de la faculté de se réunir et de communiquer ses idées à ses concitoyens. Les gouvernans n'ont pas de motifs suffisans pour comprimer cette liberté.

Les désordres populaires ne sont occasionnés, le plus souvent, que par le manque d'instruction et par la misère des peuples, qui sont les suites inévitables d'un mauvais gouvernement, et ils ne peuvent autoriser les lois qui gênent cette faculté. Ce serait comme si les monarques venaient dire aux citoyens : nous vous priverons de toute instruction, en vous accablant de travaux et de misère, et nous vous enlèverons toute liberté, parce que votre ignorance vous porterait à en abuser. N'est-il pas plus raisonnable que les peuples jouissent de tous leurs droits, afin qu'ils soient instruits et heureux, et qu'ils puissent ne pas abuser de leur liberté.

CHAPITRE XXXVIII.

DE LA LIBERTÉ DE LA PRESSE.

Plus l'homme s'éloigne de la vie animale, et plus il sent le besoin de communiquer sa pensée. Quelques sons inarticulés lui suffisaient d'abord pour manifester ses passions et ses besoins : mais le perfectionnement de la civilisation, venant développer ses pensées, il dût, pour les exprimer, varier presque à l'infini les inflexions de sa voix : de là l'origine des langues. Ensuite on désira transmettre sa pensée à des distances éloignées et à la postérité, et l'on inventa les hiéroglyphes et l'écriture. Ces moyens étaient d'abord très imparfaits et d'un mince avantage : mais l'imprimerie ayant été découverte, on put communiquer ses idées à l'univers entier. La littérature qui, dans les premiers siècles, était seulement cultivée par quelques nations privilégiées, devint bientôt universelle. Aucune découverte, aucune pensée utile, ne put désormais demeurer inconnue. Les sciences s'agrandirent et se propagèrent : et si, dans les premiers temps, la superstition, la féodalité et le despotisme, arrêtèrent l'essor que cette découverte devait donner à l'esprit humain, ils ne purent s'empêcher de profiter de ses bienfaits. Aux moines et aux jésuites, qui, d'abord, avaient seuls l'instruction, succédèrent bientôt les philosophes, qui vinrent revendiquer les droits de l'humanité, trop longtemps méconnus. Leurs idées se propagèrent, passèrent dans les mœurs, et causèrent de grandes révolutions. Les hommes ne voulurent plus être soumis aux caprices des monarques et de leurs favoris : ils reconnurent qu'ils étaient seuls les vrais souverains, et qu'ils devaient faire les lois, puisqu'ils avaient pour eux la force et la justice.

Tels sont les bienfaits de l'imprimerie : elle a plus avancé la civilisation que toutes les découvertes qui l'ont précédée. En détruisant cet esprit d'égoïsme, qui attachait l'homme presque exclusivement à sa patrie, elle l'a rapproché de l'humanité, et elle a fait une seule famille des hommes instruits de tous les pays. C'est en propageant l'instruction et l'esprit de liberté, que des siècles barbares et corrompus avaient obscurci et presque détruit, qu'elle est parvenue à assurer son triomphe chez plusieurs nations puissantes. Ses moyens sont déjà immenses : elle fait trembler tous les despotes sur leurs trônes, et elle marche triomphante à son œuvre de régénération. Déjà l'Amérique est libre, une partie de l'Europe l'est aussi, et l'autre partie le sera bientôt par son secours.

Avec la presse, la philosophie étendra partout les principes de la civilisation moderne, et elle conduira les peuples à un véritable bien-être. La liberté de faire imprimer sa pensée est donc le droit le plus précieux que nous devons à la civilisation. Sans doute on peut abuser de cette faculté, on peut s'en servir pour exciter des désordres, des émeutes, et porter les populations à l'insurrection et au pillage. Mais on peut aussi se servir de la parole pour commettre les mêmes excès, et cependant on ne peut en enlever l'usage aux citoyens. Pourquoi, dira-t-on, ne pas prendre des précautions contre les abus de l'imprimerie, dans l'intérêt même de la liberté ? Nous répondrons que la presse n'est dangereuse que dans les pays où les citoyens ne sont pas libres, et sous un mauvais gouvernement : or, on ne peut se prévaloir de ce que la liberté est très restreinte, pour la détruire entièrement.

Instruisez le peuple, accordez-lui la liberté la plus étendue, et il pourra avoir la faculté d'imprimer, comme celle de parler et d'écrire. C'est ce qui a lieu aux États-Unis d'Amérique, et même en Angleterre. Ne voyons-nous pas d'ailleurs, que, malgré les brevets des imprimeurs et la surveillance qu'on exerce sur eux, les livres obscènes, immoraux ou séditieux, sont également imprimés et vendus en tous lieux. Et cependant ils ont bien peu d'influence : parce que l'opinion en fait justice, et qu'il y a dans le peuple plus de vertu qu'on ne lui en suppose.

La faculté d'imprimer ne peut donc être restreinte : mais rien ne s'oppose à ce que les citoyens, qui en font un moyen d'industrie, soient astreints à quelques obligations compatibles avec cette liberté. Rien ne s'oppose, par exemple, à ce que les imprimeries soient publiques, et surveillées par les agens de la police, chargés du maintien du bon ordre. Les imprimeurs pourraient aussi être tenus de mettre leurs noms sur ce qu'ils impriment : car, s'ils ne veulent faire qu'une spéculation honnête, ils ne doivent pas se cacher dans l'ombre. S'ils cachent leur nom, on doit penser qu'ils se croient coupables, et il s'élève contre eux une présomption suffisante, pour qu'ils doivent supporter une amende, comme ayant refusé à la société une garantie raisonnable et utile.

Il est juste aussi que les écrivains soient responsables de leurs ouvrages : car, si la presse doit défendre et propager la vertu et la liberté, si elle doit être consacrée à répandre toutes les connaissances utiles, elle devient coupable, lorsqu'on en fait un moyen de calomnie, de corruption ou de désordre.

Mais on ne peut soumettre les écrivains à des mesures préventives, à la censure, à la surveillance de la police, ou, autrement, les gêner dans la faculté qu'ils doivent avoir d'imprimer leurs ouvrages. Ce serait, en effet, les punir, avant qu'ils eussent pu être coupables.

Demandez-vous, nous diront les hommes du pouvoir, la même liberté pour la presse périodique et quotidienne, pour les journaux, ces brandons de discorde et d'anarchie, qui peuvent, dans trois jours, allumer la sédition dans tout un royaume, et la répandre dans toute l'Europe, dans moins d'une semaine ?

Nous dirons d'abord que ces craintes sont chimériques : car il existe des journaux de toutes les opinions. Si quelques-uns peuvent avoir des desseins coupables, le plus grand nombre désire propager des opinions raisonnables et modérés. S'il arrivait que le plus grand

nombre attaquât le gouvernement, on devrait penser
qu'il est injuste et tyrannique, et les journaux ne
feraient qu'user d'un droit sacré, en cherchant à
l'anéantir.

Qu'on ne vienne pas nous dire que les journaux peuvent, à leur volonté, faire des révolutions : ils peuvent,
il est vrai, en accélérer le dénoûment ; mais ils n'ont
de pouvoir qu'autant que les idées qu'ils répandent,
sont celles de la majorité de la nation ; et, lorsqu'ils
portent à la révolte, ils ne font que développer et se-
conder le vœu national.

Je suppose qu'un gouvernement gérât les affaires du
peuple dans les intérêts de tous, plutôt qu'à l'avantage des hommes de cour, des gens de guerre, des
commis, de la noblesse, du clergé et des agioteurs ;
qu'il accordât aux citoyens toutes les garanties qu'ils
sont en droit d'exiger, croit-on que les journaux pourraient nous faire entendre que ce gouvernement est
mauvais, et qu'il convient de le renverser ? Non évidemment. Ils ne sont dangereux que pour un gouvernement anti-populaire.

Si les rédacteurs abusent de la facilité que leur donne
leur journal, pour se porter à des actes réprouvés par
la morale et par les lois, ils doivent être punis, et même
plus sévèrement que ceux qui commettent les mêmes
délits avec des moyens moins dangereux. Mais, avant
tout, ils doivent être libres ; et ils ne le sont pas, lorsqu'ils ont besoin de l'agrément d'un ministre, et lorsqu'on exige d'eux un cautionnement et des droits énormes. Rien ne peut justifier cette gêne ; car on ne peut
me punir, parce que je parle, mais bien parce que je
calomnie.

A quelle juridiction doivent être soumis les délits de
la presse ? A celle qui est le moins dans la dépendance

du pouvoir, à la plus équitable : en un mot, au jury. La
presse étant le palladium de toutes les libertés, elle doit
être soumise à des citoyens qui doivent désirer être
libres, et qui ne peuvent punir que l'abus de la liberté
ou la licence.

CHAPITRE XXXIX.

DE LA PROPRIÉTÉ LITTÉRAIRE.

Ce n'est qu'après bien des siècles de civilisation, que
les productions littéraires ont pu devenir un genre de
propriété. Il n'en pouvait être ainsi dans l'antiquité,
par la difficulté qu'éprouvaient les auteurs à répandre
leurs écrits. Il n'existait que très peu de copies des ouvrages les plus célèbres, qui ne pouvaient être posséd-
dées que par quelques amis des auteurs, ou par les
hommes les plus puissans de leur époque.

Les poésies d'Homère mêmes étaient peu répandues;
et ce père du poëme épique ne tirait aucun avantage
de ses immortels ouvrages : il était contraint, pour
gagner sa vie, d'enseigner à lire à des enfans, pendant
que des rapsotes effrontés s'attribuaient ses poésies, et
recevaient des récompenses des paysans de l'Attique,
auxquels ils les chantaient.

L'imprimerie est venue créer une nouvelle ère pour les écrivains : ils peuvent maintenant reproduire leurs ouvrages autant qu'ils le désirent, et les répandre dans le monde entier. Dès-lors, ce genre de production est devenu une branche importante de l'industrie, et il a dû être une propriété d'autant plus précieuse, qu'elle émane de la personne. Ce n'est point ici le hasard qui prodigue les trésors de la fortune, c'est le génie qui crée, qui enfante des productions quelquefois sublimes, et presque toujours utiles.

Pourquoi la société civilisée, qui doit protéger les intérêts de tous les citoyens, laisserait-elle dépouiller, par des libraires avides, de modestes auteurs qui font l'admiration et les délices de leurs siècles. Quoi! elle protége ce millionnaire, qui n'a d'autre mérite que celui d'être i su d'un père opulent, et elle ne ferait rien pour un Corneille, un Racine, un Voltaire! Elle les vouerait à la misère ainsi que leurs enfans! Non, il ne peut en être ainsi.

Cependant, aucune loi ne protégeait la propriété littéraire avant notre révolution de 1789 : et ce ne fut que sous le règne du grand homme qu'on la vit passer aux héritiers des écrivains, pour un certain nombre d'années. Après ce temps, les écrits n'ont plus de propriétaires, ou plutôt ils deviennent la proie des imprimeurs, qui trouvent souvent les moyens d'en tirer d'énormes profits; et l'on pourrait encore voir les héritiers du grand Corneille réduits à l'indigence, pendant que des spéculateurs s'enrichiraient par la vente de ses sublimes écrits.

Mais on pourra objecter que les livres n'ont de valeur que celle qu'y donne le public; que leur mérite est tout dans la nouveauté et dans l'invention, et qu'il ne faut pas que la société soit privée pour toujours d'une propriété, pour laquelle elle a, en quelque sorte, plus fait que son auteur, qui n'aurait pu, sans elle, en tirer aucun avantage.

Mais il en est de même de tous les genres de propriétés qu'on met dans le commerce : ils n'ont de valeur qu'autant que le public leur en donne. D'ailleurs, il n'y a pas plus d'inconvéniens pour le public, de garantir la propriété littéraire aux héritiers des auteurs qu'aux auteurs eux-mêmes. Si la société conserve à chaque citoyen et à ses successeurs la plus petite portion de propriété immobilière ou mobilière, qu'il a quelquefois obtenue par des moyens immoraux ou illicites, on ne voit pas pourquoi elle en agirait autrement, à l'égard de la propriété la plus précieuse de toutes, puisqu'elle est le produit des lumières et du génie.

FIN.

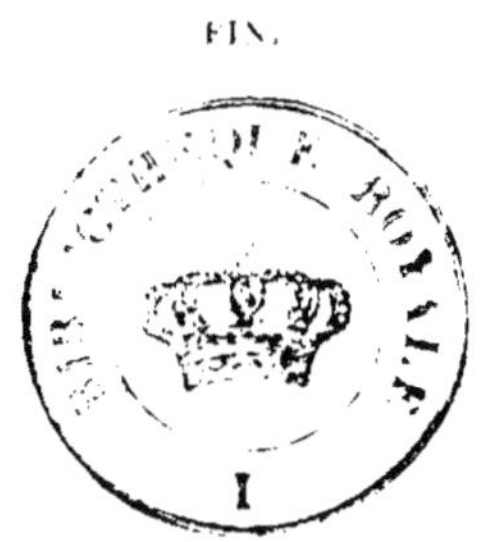